Diese Bibel gehört

_____

Die große Arena-
Kinderbibel

Nacherzählt von Vic Parker

Aus dem Englischen von Claudia Gliemann

Arena

Danksagungen

Der Lizenzgeber Miles Kelly dankt folgenden Künstlern, die an diesem Buch mitgewirkt haben:

Cover der Originalausgabe: Marta Álvarez (Astound)
Illustrationen im Innenteil: Katriona Chapman, Dan Crisp, Giuliano Ferri, Mélanie Florian
(The Bright Agency); Andy Catling, Alida Massari, Martina Peluso (Advoate Art);
Aurélie Blanz

Es wurden alle Anstrengungen unternommen, die Quellen und Rechteinhaber der
verwendeten Illustrationen ausfindig zu machen. Miles Kelly Publishing entschuldigt sich
für etwaige unbeabsichtigte Fehler oder Auslassungen.

Die Originalausgabe erschien 2016 unter dem Titel
„Illustrated Treasury of Bible Stories"

Konzeption: Belinda Gallagher
Künstlerische Leitung: Jo Cowan
Lektorat: Carly Blake
Buchgestaltung: Michelle Cannatella
Coverdesign: Jo Cowan
Fachliche Beratung: Janet Dyson
Herstellung: Elizabeth Collins, Caroline Kelly
Reprografie: Stephan Davis, Jennifer Cozens

© 2016 Miles Kelly Publishing Ltd., Harding's Barn, Bardfield End Green, Thaxted, Essex,
CM6 3PX, UK

1. Auflage 2018
© für die deutsche Ausgabe
Arena Verlag GmbH, Würzburg 2018
Übersetzung aus dem Englischen: Claudia Gliemann
Einbandgestaltung: Anja Götz
Coverillustration: Melanie Florian
Satz: KCS GmbH · Verlagsservice & Medienproduktion, Stelle/Hamburg
Alle Rechte vorbehalten
ISBN 978-3-401-71338-0
www.arena-verlag.de

INHALT

Das Alte Testament 8–189

Das Alte Testament ist der erste Teil der Bibel. Es besteht aus neununddreißig Büchern, die vor über zweitausend Jahren geschrieben wurden. Die Geschichten in diesen Büchern wurden vom jüdischen Volk zusammengetragen, das damals im Nahen Osten lebte (auf dem Gebiet der heutigen Staaten Israel, Palästina, Libanon, Syrien, Jordanien und Ägypten). In ihnen wird die besondere Beziehung der Juden zu Gott über einen Zeitraum von mehreren Jahrhunderten erzählt, angefangen bei der Schöpfung. Die Juden fertigten viele Abschriften der Originalhandschriften an, sodass der Inhalt des Alten Testaments bis heute erhalten geblieben ist. In seinen Büchern finden sich Familienstammbäume ebenso wie religiöse Gesetze, Gedichte, Lieder und Hunderte von Geschichten aus der damaligen Zeit.

Das Neue Testament 190–384

Das Neue Testament ist der zweite Teil der Bibel. Es besteht aus siebenundzwanzig Büchern und erzählt von der Geburt, dem Leben und Tod Jesu, von seinen Lehren und seinen Jüngern. Jesus lebte vor zweitausend Jahren im Nahen Osten. Damals war dieses Gebiet noch Teil des Römischen Reiches. Die Juden litten unter der Herrschaft der Römer. Sie warteten auf einen Retter – den „Messias" –, der ein mächtiges Königreich für sie erschaffen würde. Das Neue Testament wurde innerhalb von einhundert Jahren von den Nachfolgern Jesu geschrieben, die ihn für den Messias hielten.

Einleitung

Die Bibel wird oft als das meistverkaufte Buch
der Welt bezeichnet, aber eigentlich ist sie eher so
etwas wie eine ganze Bibliothek. Sie besteht aus
sechsundsechzig eigenständigen Büchern und ist
unterteilt in das Alte und das Neue Testament. Für
unzählige Menschen auf der ganzen Welt ist die Bibel
das Wort Gottes. Sie wurde ab etwa 1450 vor Christus
über mehr als tausend Jahre hinweg von vielen
verschiedenen Menschen geschrieben. Ursprünglich
war sie in Hebräisch, Aramäisch und Griechisch
verfasst. Später wurde sie in zahllose andere Sprachen
übersetzt.

Die einzelnen Bücher enthalten teilweise sehr genaue historische Informationen, Sprüche, Gesetze, Lieder, Gedichte, persönliche Briefe und Tagebucheinträge, aufregende Heldenabenteuer und Geschichten von Wundern und geheimnisvollen Ereignissen, über die wir nur staunen können. Sie erzählen uns von Gott und sind dabei gleichzeitig spannend und unterhaltsam. Viele Helden aus der Bibel begeistern auch heute noch Millionen von Kindern. Wir hoffen, dass die großartigen Geschichten, die in diesem Buch nacherzählt werden, auch zu deinen Lieblingsgeschichten gehören werden.

Unterschiedliche Geschichten

Wir haben die Geschichten in dieser Bibel in sechs verschiedene Gruppen unterteilt. Jede Geschichte ist mit einem kreisrunden Symbol versehen, das du auf den Seiten ganz rechts oder links oben findest. Das Symbol verrät dir, zu welcher Gruppe die Geschichte gehört. Wenn du zum Beispiel eine Geschichte über Wunder lesen möchtest, kannst du nach dem Symbol mit der gelben Sonne suchen.

 **Zeichen und Wunder**    **Familie und Freunde**

 **Sünde und Erlösung**    **Nachfolge Gottes**

 **Stimmen und Visionen**    **Helden und Verbrecher**

Das Alte Testament

Die Erschaffung der Welt

Am Anfang der Welt herrschte Finsternis, und Gottes Geist schwebte über einem riesigen Ozean. Dann hatte Gott eine Idee. „Es soll Licht werden!", sagte er, und tatsächlich: Es wurde hell. Gott gefiel das Licht, aber ihm gefiel auch die Dunkelheit, und so schuf er Tag und Nacht. Am zweiten Tag hatte er eine weitere Idee.

„Über dem Wasser soll ein Gewölbe sein!",
sagte er, und so teilte er den Ozean. Er teilte
das Wasser unterhalb des Gewölbes vom
Wasser oberhalb des Gewölbes. So schuf er
flauschige Wolken. Gott nannte das Gewölbe
Himmel.

Dann blickte Gott hinunter auf das wogende
und tosende Meer unter ihm und sagte zu ihm:
„Weiche zur Seite, damit das Land sichtbar
wird."

So geschah es. Das Land wurde sichtbar und
vom Wasser umspült.

Gott gefiel, was er geschaffen hatte, und er
nannte es Land und Meer. Aber das Land war
ihm zu öde und wüst. So ließ Gott am dritten
Tag Gras, Blumen, Büsche, Sträucher und Bäume
wachsen.

Am vierten Tag verzierte Gott den Himmel mit
Lichtern. Das große, heiße und strahlende Licht
nannte er Sonne, das blasse, kalte Licht nannte er
Mond. Dazwischen setzte er Millionen leuchtender
Sterne. Er ordnete sie so an, dass man an ihnen
den Verlauf der Tage und Nächte sehen konnte,
der Jahreszeiten und der Jahre.

Dann betrachtete Gott seine Schöpfung, und er
beschloss, dass es auf der Erde Leben geben sollte.
Am fünften Tag erschuf er die unterschiedlichsten
Arten von Lebewesen, die im oder auf dem
Wasser schwammen oder sich hoch in die Lüfte
erhoben. Plötzlich war das Meer voller Fische und
Meerestiere, und in der Luft flatterten Vögel und
schwirrten Insekten.

Am sechsten Tag erschuf Gott Tiere, die
galoppierten, hüpften und sich schlängelten.

Tiere mit Fell, Schuppen und Schalen oder Häusern, mit Klauen, Hufen und Hörnern. Tiere, die bellten, zischten, heulten und grunzten. Nun war die Erde voller Tiere.

Zuletzt nahm Gott eine Handvoll Erde und formte daraus einen Menschen, der aussah wie er selbst. Er beugte sich zu ihm herab und blies in seine Nase den Lebensatem. Der Mensch erzitterte, blinzelte, erwachte zum Leben und blickte ihn an. So entstand der erste Mensch: Adam.

Gott wollte nicht, dass Adam alleine auf der Welt war. Er ließ ihn in einen tiefen Schlaf fallen, während er ihm eine Gefährtin schuf. Dazu nahm Gott vorsichtig eine von Adams Rippen und ließ die Wunde wieder verheilen. Dann formte er aus der Rippe, die er genommen hatte, die erste Frau: Das war Eva.

Schließlich hauchte Gott auch Eva den Lebensatem ein, weckte Adam wieder auf und stellte die beiden einander vor. Gott gefiel es, wie die beiden sich miteinander unterhielten und sich kennenlernten. Er war sogar so begeistert von ihnen, dass er ihnen die ganze Welt mit all ihren Lebewesen anvertraute, die er erschaffen hatte.

Gott pflanzte einen prächtigen Garten, in dem Adam und Eva leben konnten, und nannte ihn den Garten Eden.

Dann lehnte sich Gott zurück und sah sich alles an, was er geschaffen hatte. Er hatte jede Farbe, jede Form, jede Oberfläche, jede Größe, jeden Klang und Geruch verwendet, den er sich nur vorstellen konnte.

Gott gefiel alles, was er geschaffen hatte. Er entschied, dass er genug gearbeitet hatte.

Und so erholte er sich am siebten Tag von seiner Arbeit. Gott beschloss, dass von nun an der siebte Tag ein Tag der Ruhe sein sollte, zum Gedenken an ihn und zur Erinnerung an seine wundervolle Schöpfung.

Und so wurde die Erde geschaffen.

Genesis, Kapitel 1 und 2

Adam und Eva im Garten Eden

Gott sorgte dafür, dass es im Garten Eden alles gab, was Adam und Eva brauchten. Die Sonne wärmte sie, und so brauchten sie keine Kleidung – sie schämten sich auch nicht, dass sie nackt waren. Ein rauschender Strom gab ihnen Wasser. Alle Arten von Blumen, Pflanzen und Bäumen wuchsen dort, die dufteten und Schatten spendeten und köstliche Früchte, Nüsse und Samen hervorbrachten. Mitten in dem Garten standen die zwei schönsten Bäume von allen – der Baum des Lebens und der Baum der Erkenntnis von Gut und Böse. „Kümmert euch gut um meinen prachtvollen Garten", sagte Gott zu Adam und Eva. „Ihr dürft alles essen, aber hütet euch vor den Früchten vom Baum der Erkenntnis von Gut und Böse. Wenn ihr davon esst, werdet ihr sterben."

Adam und Eva taten, was Gott ihnen gesagt hatte. Sie lebten glücklich und zufrieden im Garten Eden, bis sie eines Tages auf eine Schlange trafen. Die Schlange war schlauer als alle Tiere des Feldes, die Gott gemacht hatte. Und so fragte die Schlange Eva hinterlistig: „Hat Gott wirklich gesagt, dass ihr von einem Baum aus dem Garten nichts essen dürft?"

„Ja, von diesem", antwortete Eva und zeigte
auf den Baum der Erkenntnis von Gut und Böse.
„Er sagte, dass wir sterben, wenn wir davon essen.
Nicht einmal berühren dürfen wir ihn."

„Das ist doch Unsinn", zischelte die
Schlange. „Ihr werdet nicht sterben!
Gott will nicht, dass ihr die Früchte
von diesem Baum esst, weil ihr
dann so werdet wie er. Ihr werdet
wissen, was gut und was böse ist, genau wie er."

Eva blickte aufgeregt zum Baum der Erkenntnis
von Gut und Böse hinüber. Die Früchte sahen
wirklich köstlich aus. Seine Blätter raschelten
geheimnisvoll im Wind, und seine Äste reichten
bis zu ihr herab. Der Baum war voller reifer
Früchte, die sie nur pflücken musste. „Wie gerne

wäre ich so klug wie Gott!", murmelte Eva vor sich hin. Eva gab der Versuchung nach. Sie streckte die Hand aus, pflückte die Frucht, die ihr am nächsten hing, und biss ein großes Stück ab. Es schmeckte köstlich! Ganz sicher konnte etwas, das so köstlich schmeckte, nicht schlecht sein. Schnell rannte Eva zu Adam und bot ihm ebenfalls davon an, und auch er konnte der Versuchung nicht widerstehen.

Plötzlich erkannten Adam und Eva, dass sie jetzt wirklich zwischen gut und böse unterscheiden konnten – und dass das, was sie getan hatten, falsch gewesen war. Die beiden schämten sich für das, was sie getan hatten, aber plötzlich schämten sie sich auch, dass sie nackt waren. Hastig hefteten sie Feigenblätter

aneinander und machten sich Schurze, um ihre nackten Körper voreinander zu verbergen. Als sie hörten, dass Gott in den Garten zu ihnen kam, erschraken sie und versteckten sich. Doch Gott wusste bereits, was geschehen war.

„Adam", rief Gott, „warum versteckst du dich mit Eva vor mir?"

Beschämt und mit hängenden Köpfen kamen die beiden aus dem Gebüsch.

„Wir hatten Angst, als wir deine Stimme gehört haben. Außerdem sind wir nackt", sagte Adam mit leiser Stimme.

„Warum schämt ihr euch, dass ihr nackt seid? Und warum habt ihr Angst vor mir?", fragte Gott. „Ihr habt doch nicht etwa von den Früchten gegessen, von denen ihr nicht essen solltet?"

Adam gab zu, dass sie von den Früchten gegessen hatten, aber er gab Eva die Schuld dafür, die es auf die Schlange schob. Enttäuscht sagte Gott zu ihnen: „Wenn das so ist, dann bleibt mir nichts anderes übrig, als euch alle zu bestrafen." Die Schlange musste fortan auf dem Bauch im Staub kriechen und wurde zum Feind der Menschen. Nachdem Gott aus Fellen Kleidung für Adam und Eva gemacht hatte, verbannte er sie aus dem Garten Eden. Den Baum des Lebens ließ er künftig von Engeln mit lodernden Flammenschwertern bewachen, damit Adam und Eva nicht von seinen Früchten aßen, die sie vor dem Tod bewahrt hätten. Traurig sah Gott zu, wie Adam und Eva den Garten Eden verließen und hinaus in die Welt gingen.

Genesis, Kapitel 2 und 3

Das erste Verbrechen der Welt

Nachdem Adam und Eva aus dem Garten Eden vertrieben worden waren, war ihr Leben hart und schwer. Trotzdem sorgte Gott dafür, dass es nicht nur aus Arbeit und Kummer bestand. Adam und Eva bekamen Kinder und waren überglücklich. Ihr erstes Kind war ein Junge, den sie Kain nannten. Auch das zweite Kind war

ein Junge. Sie gaben ihm den Namen Abel. Beide Jungen wuchsen zu gesunden, kräftigen und hart arbeitenden Männern heran. Abel wurde Schafhirte und Kain Ackerbauer. Die beiden Brüder waren aber von ihrer Art her sehr unterschiedlich. Abel war gutmütig, freundlich und fürsorglich, während sein großer Bruder Kain aufbrausend und oft schlecht gelaunt war.

Eines Tages kam es zum Streit, als die beiden Gott opferten. Sie beteten, und jeder brachte Gott ein Opfergeschenk dar. Abel wählte das schönste und größte Schaf seiner Herde aus, und Kain brachte sein bestes Getreide und seine besten Früchte. Gott freute sich sehr über Abels Geschenke.

Kains Opfer nahm er jedoch nicht an,
er tadelte ihn sogar noch dafür.

Anstatt beschämt darüber zu sein,
wurde Kain wütend, und der
Zorn funkelte in seinen Augen.
„Warum bist du so wütend?
Und warum blickst du so grimmig
drein?", fragte Gott. „Wenn du dich
richtig verhältst, nehme ich dein Opfer gerne an."

Kain stampfte davon. Er hatte genug von Gott
und war eifersüchtig auf seinen jüngeren Bruder.
Kain dachte nicht darüber nach, was Gott zu ihm
gesagt hatte, und überlegte auch nicht, was er
besser machen konnte. Er steigerte sich immer
mehr in seine Wut und in seinen Hass hinein und
dachte nur noch daran, wie er sich an seinem
Bruder rächen konnte.

Bald hatte er einen Plan geschmiedet. Er bat Abel, mit ihm auf ein weit entferntes Feld zu gehen, wo sie ganz alleine waren. Auf dem Feld griff Kain seinen Bruder an, und kurze Zeit später lag Abel tot auf dem Boden.

Kain ging nach Hause, als sei nichts passiert. Er war sich sicher, dass ihn niemand gesehen hatte und dass er mit seinem schrecklichen Verbrechen davonkommen würde. Aber natürlich wusste Gott, was er getan hatte.

„Kain, wo ist dein Bruder?", fragte Gott Kain.

„Woher soll ich das wissen?", erwiderte Kain barsch. „Ich bin nicht der Hüter meines Bruders."

Gott wurde zornig: „Kain, was hast du getan? Das Blut deines Bruders färbt die Erde rot. Es schreit zu mir und berichtet mir von deiner grausamen Tat! Der Boden soll dir keine Ernte mehr bringen.

Geh mir aus den Augen. Fortan sollst du heimatlos auf der Erde umherwandern!"

Verzweifelt fiel Kain nieder auf die Knie. „Bitte, Gott", schluchzte er. „Das ist eine schreckliche Strafe. Du verbannst mich nicht nur von meinem Zuhause und von allen, die ich kenne, du schickst mich auch in den sicheren Tod. Ich werde so schwach und hilflos sein, dass mich jeder, der mir begegnet, töten kann."

Gott wollte nicht, dass es noch mehr Gewalt und Tod gab, und so versah er Kain mit einem Zeichen, das besagte, dass ihm niemand etwas zuleide tun durfte. Dann verbannte ihn Gott ins Land Nod, das weit weg östlich von Eden lag.

So hatten Adam und Eva ihre beiden Söhne verloren, aber Gott hatte wieder Mitleid mit ihnen. Er schenkte ihnen noch weitere Kinder. Ihr dritter Sohn hieß Set. Adam und Eva wurden sehr alt, und Gott segnete sie mit vielen Generationen von Nachkommen.

Genesis, Kapitel 4

Noach und die Arche

Adams und Evas Ururenkelkinder bekamen selbst wiederum unzählige Ururenkelkinder, die sich über die ganze Welt verstreuten. Nach und nach vergaßen sie, dass sie einmal zu einer großen Familie gehört hatten. Sie dachten auch nicht mehr an Gott, sondern nur noch an sich. Gott sah das alles vom Himmel herab und wurde traurig und wütend. Mit der Zeit wurden die Menschen sogar so selbstsüchtig und grausam, dass Gott es nicht länger mit ansehen konnte. Deshalb wollte er die Menschen vernichten und ganz neu anfangen.

Es gab aber einen Menschen auf der Erde, der herzensgut und ehrlich war und hart arbeitete – einen Mann namens Noach. Deshalb wollte Gott nicht nur ihn, sondern auch seine Frau und ihre drei Söhne, Sem, Ham und Jafet, und deren Frauen retten.

Gott redete mit Noach und erzählte ihm, was er vorhatte. „Sieh dich um, Noach. Die Welt ist böse, und ich habe genug davon. Ich werde die Menschen vom Erdboden vertilgen, aber ich verspreche dir, dass du und deine Familie verschont bleiben sollt. Ich gebe dir folgenden Auftrag: Baue ein riesiges überdachtes Schiff –

eine Arche. Nimm das beste Holz, das du finden kannst, und baue die Arche dreihundert Ellen lang, fünfzig Ellen breit und dreißig Ellen hoch, mit einem Dach aus Schilf. Innen und außen bestreichst du sie mit Pech, damit kein Wasser hineingelangen kann. Baue eine Türe hinein und Fenster. Drei Stockwerke soll sie hoch sein. Diese unterteilst du in Kammern. Sobald ich es dir sage, führst du jeweils ein Paar von allen Lebewesen auf der Erde in die Arche – je ein Männchen und ein Weibchen. Nimm sieben Tierpaare, die du essen kannst, mit in die Arche, damit ihr alle genug zu essen habt. Vierzig Nächte lang soll es regnen, und das Wasser soll die ganze Welt überfluten."

Noach erzählte seiner Familie davon, und sie machten sich gemeinsam an diese große Aufgabe. Als ihre Nachbarn sahen, dass sie so ein riesiges

Schiff bauten, hielten sie sie für verrückt und lachten sie aus. Aber Noach und seine Familie vertrauten Gott und arbeiteten viele Monate lang daran, bis die Arche schließlich fertig war. Dann gab Gott Noach den Auftrag, die Tiere in die Arche zu führen und mit seiner Familie an Bord zu gehen. Eine Woche später zogen schwarze Gewitterwolken am Himmel auf, verdeckten die Sonne, und es begann zu regnen.

Genesis, Kapitel 6 und 7

Die große Flut

Der Regen, den Gott gesandt hatte, war so stark, wie es noch nie zuvor jemand gesehen hatte. Es war, als hätte der Himmel Risse bekommen, und durch die Risse stürzten mächtige Wasserfälle auf die Erde herab. Während der Regen von oben herunterprasselte, traten die Flüsse über ihre Ufer, die Seen überfluteten die Täler,

und die Meere stiegen. Die Arche trieb auf den steigenden Wassermassen dahin. Hohe Wellen türmten sich auf und brachen über das Land herein und rissen alles und jeden mit sich, während es unaufhörlich weiterregnete. Die Arche wurde hin und her getrieben und bekam mehr und mehr Schrammen.

Genau wie Gott es gesagt hatte, regnete es vierzig Tage und vierzig Nächte lang. Und genauso plötzlich, wie es angefangen hatte zu regnen, hörte es auch wieder auf. Als Noach einen kurzen Blick nach draußen wagte, sah er weit und breit nur Wasser.

In den folgenden Tagen war es unglaublich still und leer. Ganz allmählich trocknete die Sonne das Wasser, und die Flut begann zu sinken. Gott schickte einen starken Wind, damit es schneller

trocknete. Schließlich setzte die Arche auf dem Berg Ararat auf.

Noach traute sich noch nicht, aus der Arche zu gehen. Er wartete einige Tage, bis das Wasser weiter gesunken war, und schickte dann einen Raben in den Himmel. Der Rabe flog aus und ein, doch er fand nur Wasser. Noach wartete eine Woche und sandte dann eine Taube aus. Als sie schon am selben Tag wieder zurückkam, wusste Noach, dass noch nicht genug Land zu sehen war. Er wartete eine weitere Woche und schickte dann erneut die Taube los. An diesem Abend kam sie mit einem Olivenzweig im Schnabel zurück. Das Wasser war niedrig genug, dass Land zu sehen war, auf dem Bäume wuchsen! Noach wartete noch eine Woche und sandte die Taube wieder aus. Dieses Mal kehrte sie nicht zurück. Aufgeregt entfernte Noach das Verdeck der Arche, blickte hinaus und sah, dass sie nur von trockenem Land umgeben war!

Dann sagte Gott zu ihm: „Noach, es ist Zeit, dass du und deine Familie mit den Tieren in die Welt hinausgeht und ganz neu beginnt." Und genau das taten sie. Gott war zufrieden und segnete Noach und seine Familie. Er versprach ihnen, dass er niemals mehr eine Flut senden würde, um die Lebewesen zu zerstören, die er geschaffen hatte. Zum Zeichen seines Versprechens ließ er am Himmel einen Regenbogen aufleuchten.

Genesis, Kapitel 7 bis 9

Der Turmbau
zu Babel

Die Menschen in den biblischen Geschichten lebten viel länger als wir heute. In der Bibel steht, dass Noach zur Zeit der großen Flut sechshundert Jahre alt war und im Alter von neunhundertfünfzig Jahren starb! Noach erlebte, wie seine Söhne und deren Frauen viele Kinder, Enkel, Urenkel und weitere Nachkommen bekamen.

Ihre Familie wurde so groß, dass es bald wieder Tausende von Menschen auf der Welt gab, genau wie Gott es sich gewünscht hatte.

Ihre Nachkommen zogen auch an weit entfernte Orte. Viele waren auf der Suche nach gutem Weideland jahrelang unterwegs, lebten in Zelten und zogen von einem Ort zum anderen. Mit der Zeit entstanden in den unterschiedlichen Gebieten auch unterschiedliche Arten, sich zu kleiden, zu kochen, und unterschiedliche Bräuche, wie heute auch. Aber eines, was alle Menschen gemeinsam hatten, war ihre Sprache.

Als eine Gruppe von Wanderern im Land von Schinar ankam, dem heutigen Irak, ließen sie sich auf einer großen Ebene nieder. In dem Land gab es alles, was sich die Reisenden wünschten, und es gefiel ihnen so gut, dass sie beschlossen, nie mehr

weiterzuziehen. Die Wanderer dachten lange nach und schmiedeten dann einen kühnen Plan. Statt länger in Zelten zu wohnen, wollten sie ein festes Zuhause für sich selbst bauen – eine befestigte Siedlung aus Lehmziegeln.

Sie fanden heraus, wie man aus Lehm Ziegel formte, die man brennen und mit Pech zusammenkleben konnte. Aber die Menschen wollten nicht nur ein Dorf oder eine kleine Stadt bauen. Selbst eine große Stadt war ihnen nicht genug. Sie wollten die größte, schönste Stadt der Welt bauen mit einem

riesigen Turm. Einem Turm, der so hoch sein sollte, dass seine Spitze bis zu den Wolken reichte. Die Siedler wollten, dass sich die Nachricht von ihrem großartigen Turm und ihrer prachtvollen Stadt in nah und fern verbreitete, sodass die ganze Welt von ihnen erfuhr. Sie begannen, die Stadt zu bauen, und träumten dabei von Ruhm und Ehre.

Während die Siedler Gräben zogen, Ziegel herstellten, brannten, hämmerten und meißelten, bemerkte Gott sehr bald, was das Volk im Land Schinar tat. Er blickte vom Himmel herab und staunte über die schönen Straßen, die dort gepflastert wurden, und die prächtigen Häuser, die gebaut wurden, und den schwindelerregenden Turm, der dem Himmel entgegenwuchs. „Meine Güte!", sagte Gott zu sich selbst. „Es ist unglaublich, was diese Menschen alles schaffen.

Das ist großartig." Doch dann kam ihm ein anderer Gedanke. „Hmmm … Aber sie tun das alles nur, weil sie wichtiger als die anderen sein wollen. Am Ende bilden sie sich darauf noch etwas ein. Bald werden sie nur noch das Größte und Beste haben wollen. Ich sollte hier lieber etwas unternehmen, bevor die Dinge aus dem Ruder laufen."

Und so gab Gott den Menschen verschiedene Sprachen. Plötzlich bemerkten sie, dass sie nicht mehr verstanden, was die anderen sagten. Und weil sie sich nicht mehr verständigen konnten, kamen auch ihre Bauvorhaben ins Stocken. Sie konnten nicht zusammenarbeiten, um ihre Stadt zu Ende zu bauen. Darum nannte man die Stadt Babel oder Babylon – das heißt Wirrsal –, weil man dort so viele Sprachen hörte.

Nach und nach verließen die Siedler Schinar, gingen ihre eigenen Wege und suchten sich neue Orte, an denen sie sich niederließen.

Seit dieser Zeit gibt es in den verschiedenen Ländern der Erde unterschiedliche Sprachen.

Genesis, Kapitel 11

Die Wanderung
nach Kanaan

Abram war ein Nachfahre Sems. Er wuchs in der Stadt Ur auf, in der Nähe des Persischen Golfs. Nach seiner Hochzeit zog Abram mit seiner Frau Sarai, seinem Vater Terach und seinem Neffen Lot, der keine Eltern mehr hatte und um den er sich kümmerte wie um einen eigenen Sohn, in eine Stadt im Norden namens Haran. Ur und

Haran waren geschäftige Orte, an denen viele wohlhabende Menschen wie Abram lebten. Abram war ein erfolgreicher Geschäftsmann. Doch eines Tages sagte Gott zu Abram: „Abram, ich will, dass du von hier wegziehst in das Land, das ich dir zeigen werde. Ich werde dich zum Vater eines großen Volkes machen."

Abram muss Gott sehr vertraut haben, denn er ließ fast sein gesamtes Hab und Gut zurück, packte den Rest zusammen und machte sich dann mit seiner Frau auf den Weg, ohne genau zu wissen, wohin ihn dieser Weg führen würde. Abram zweifelte nicht an der Weisung Gottes und überredete auch Lot dazu, mit ihm zu gehen. Er kaufte sich einige Schafe, Ziegen und Rinder für sich selbst und seinen Neffen. Er heuerte Schafhirten an und kaufte Kamele und Maultiere, die ihre Zelte, ihre Habe, Essen und Trinken tragen sollten. Nach Wochen der Vorbereitung zogen Abram und seine Familie hinaus aus Haran, weg von allem, was sie kannten, mit einer großen Karawane Richtung Süden.

Gott führte Abram in das Land Kanaan, das heute Israel heißt. Als Abram an einer heiligen Stätte ankam, die Sichem hieß, hörte er, wie Gott zu ihm sprach: „Das ist das Land, das ich dir und deinen Nachkommen gebe."

Nachkommen! Abram wunderte sich.

Er und seine Frau Sarai waren nicht mehr die Jüngsten, und obwohl sie sich immer eine Familie gewünscht hatten, hatten sie doch nie Kinder bekommen. Aber auch dieses Mal zweifelte Abram nicht an Gott, sondern vertraute ihm.

In Kanaan herrschte jedoch eine schreckliche Hungersnot, und Gott sandte die Familie durch

47

die Wüste in das reiche Land Ägypten. Hier gab es Essen in Hülle und Fülle, aber Abram geriet nun in ganz andere Schwierigkeiten. Der Pharao, der König von Ägypten, ließ Sarai zu sich bringen. Sie sollte eine seiner Frauen sein. Deshalb schickte Gott dem Pharao und dessen Hofstaat eine schreckliche Krankheit, bis der Pharao Sarai wieder gehen ließ.

Abram, Sarai und Lot verließen daraufhin Ägypten und zogen wieder Richtung Norden nach Kanaan an einen Ort, der Bet-El hieß. Doch es gab nicht genug Weideland für alle Tiere, und so fingen Abrams und Lots Hirten an, sich um das Weideland zu streiten. Sie konnten sich nicht einigen – und am Ende gingen die beiden Männer getrennte Wege.

Lot ging nach Osten in die Jordangegend, wo er sich in einer Stadt namens Sodom niederließ,

während sein Onkel seine Zelte in Kanaan aufschlug. Dort sprach Gott erneut zu Abram und wiederholte sein Versprechen: „Sieh dich um", sagte er. „Alles Land, das du siehst, so weit das Auge reicht, wird dir und deinen Nachkommen für alle Zeiten gehören."

Und so wartete Abram ... und wartete ... Die Jahreszeiten kamen und gingen, aber es gab kein Anzeichen, dass Sarai jemals ein Kind bekommen würde.

Im Laufe der Jahre sprach Gott immer wieder zu Abram und wiederholte sein Versprechen, und zwar immer dann, wenn Abram es am wenigsten erwartete. Eines Nachts saß Abram gerade wie üblich draußen vor seinem Zelt, als er Gott sagen hörte: „Sieh hinauf zum Himmel. Du wirst so viele Nachkommen haben, wie Sterne am

Himmel sind." Ein anderes Mal hatte Abram einen
unheimlichen Traum, nachdem er Gott gerade ein
Opfer dargebracht hatte. Darin ging Gott direkt
neben ihm und machte ihm wieder die Zusage,
dass er eines Tages eine große und wohlhabende
Familie haben und ihm das Land vom Nil bis zum
Eufrat gehören würde.

Je mehr Zeit ins Land ging, desto mehr sorgte
sich Sarai, dass sie Abram niemals ein Kind
gebären würde, deshalb ermunterte sie ihren
sechsundachtzig Jahre alten Mann, ein Kind mit
ihrer Magd Hagar zu bekommen. Hagar und
Abram bekamen einen Sohn, Ismael, aber Sarai
wurde dadurch nicht fröhlich, sondern traurig.

Als Abram neunundneunzig und Sarai neunzig Jahre alt waren, hatten sie noch immer keine eigenen Kinder. Trotzdem verhieß ihnen Gott auch weiterhin, dass sein Versprechen wahr werden würde. „Du und deine Frau, ihr sollt eure Namen ändern als Zeichen meiner Verheißung", sagte er. „Von nun an sollt ihr nicht mehr Abram und Sarai heißen, sondern Abraham und Sara. Tut, was ich euch sage, und vertraut mir, und alles, was ich euch gesagt habe, wird wahr werden. Du und Sara werdet im kommenden Jahr ein eigenes Kind bekommen. Ihr werdet sehen. Ihr sollt es Isaak nennen."

Und so warteten Abraham und Sara weiter.

Genesis, Kapitel 11 bis 13, 15 bis 17

Gottes Verheißung
wird wahr

Als Abraham einhundert Jahre alt war, bekam Sara tatsächlich einen Sohn, und sie nannten ihn Isaak. Alles war genau so geschehen, wie Gott es verheißen hatte. Die beiden waren überglücklich.

Wenn da nicht Hagar und Ismael gewesen wären.

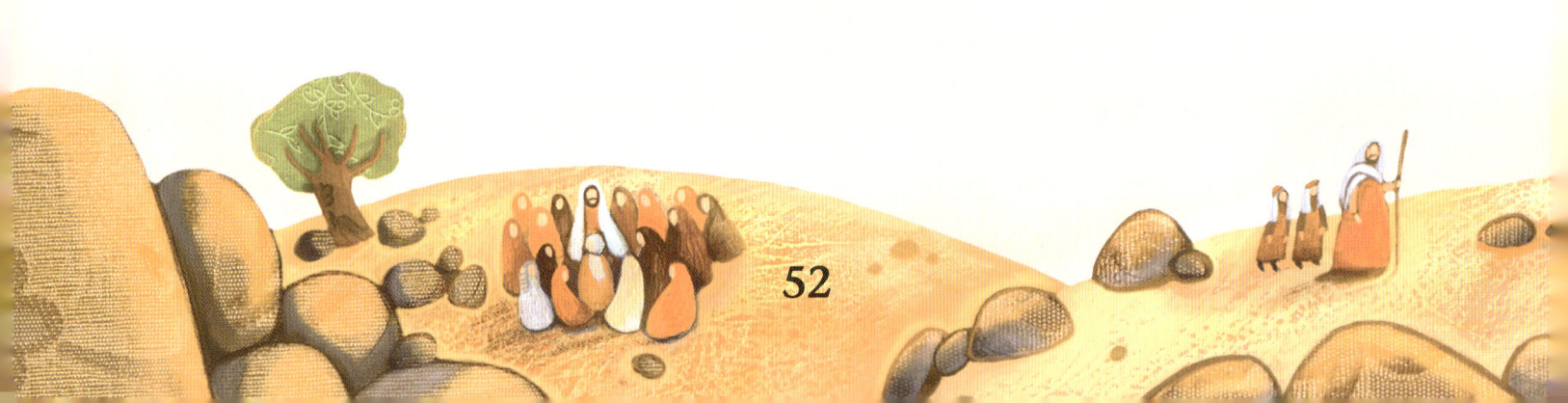

Sara und Hagar hatten sich gestritten, seit
Hagar mit Ismael schwanger gewesen war.
Hagar hatte nicht mehr als Magd arbeiten
wollen und auf ihre Herrin herabgeblickt. Sara
hatte daraufhin angefangen, Hagar schlecht zu
behandeln. So schlecht, dass Hagar schließlich
davongelaufen war. Ein Engel hatte Hagar
weinend in der Wüste an einem Brunnen
gefunden. Er hatte sie getröstet und sie dazu
gebracht, wieder zu Sara zurückzukehren.
Er hatte ihr gesagt, dass Abrahams
und Hagars Sohn der Anführer
eines großen Volkes sein werde.
Doch die Nachfahren von Isaak,
dem Sohn Abrahams und Saras,
würden Gottes besonderes Volk sein.
Als Isaak dann zur Welt kam, war Sara wieder

neidisch auf Hagar. Ismael war ungefähr vierzehn Jahre alt und mochte seinen kleinen Bruder sehr. Aber Sara ertrug es nicht, die beiden miteinander zu sehen, weil es sie immer wieder daran erinnerte, dass beide Jungen denselben Vater hatten und dass der Sohn ihrer Magd damit genauso viele Rechte hatte wie ihr eigener.

„Schick sie weg!", bat Sara Abraham. „Ich will nicht, dass Ismael das nimmt, was rechtmäßig Isaak zusteht." Abraham wurde wütend, weil er seine beiden Söhne liebte. Er fragte Gott, was er tun sollte.

„Mach dir keine Sorgen", beruhigte ihn Gott. „Tu, worum Sara dich gebeten hat. Ich kümmere mich um Hagar und Ismael. Vertrau mir."

Am nächsten Morgen schickte Abraham Hagar und Ismael weg. Schweren Herzens gab er ihnen noch Essen und Wasser mit und schickte sie hinaus in die Wüste.

Gott hielt sein Versprechen und kümmerte sich um Abrahams ersten Sohn und dessen Mutter, als sie ganz alleine durch die Wüste wanderten. Einmal, als sie fast am Verdursten waren, sandte Gott ihnen einen Engel mit Wasser. Gott wich nicht von Ismaels Seite, als er älter wurde und zu einem starken und mutigen Mann heranwuchs. Genau wie Gott es versprochen hatte, machte er Ismael zum Begründer eines großen Volkes – der Araber.

Genesis, Kapitel 16 und 17

Abraham wird auf die Probe gestellt

Gott hatte Abraham auf zwei schwere Proben gestellt – er war ins Ungewisse aufgebrochen, und er hatte so lange warten müssen, bis Sara und er ein Kind bekommen hatten. Als ihr Sohn Isaak ungefähr elf Jahre alt war, stellte Gott Abraham auf eine weitere harte Probe.

„Geh mit deinem Sohn in das Land Morija, an einen Ort, den ich dir zeigen werde. Dort sollst du mir ein Opfer darbringen. Du sollst mir aber keine Ziege und auch kein Lamm opfern. Ich will, dass du mir Isaak opferst." Abraham war entsetzt. Aber Gott hatte deutlich zu ihm gesprochen, und Abraham wusste, was er zu tun hatte. Am nächsten Morgen ließ er zwei Knechte Feuerholz und Proviant auf einen Esel packen, dann zog er zusammen mit den Knechten und Isaak los in die Wüste. Abraham sagte Isaak nicht, was er vorhatte.

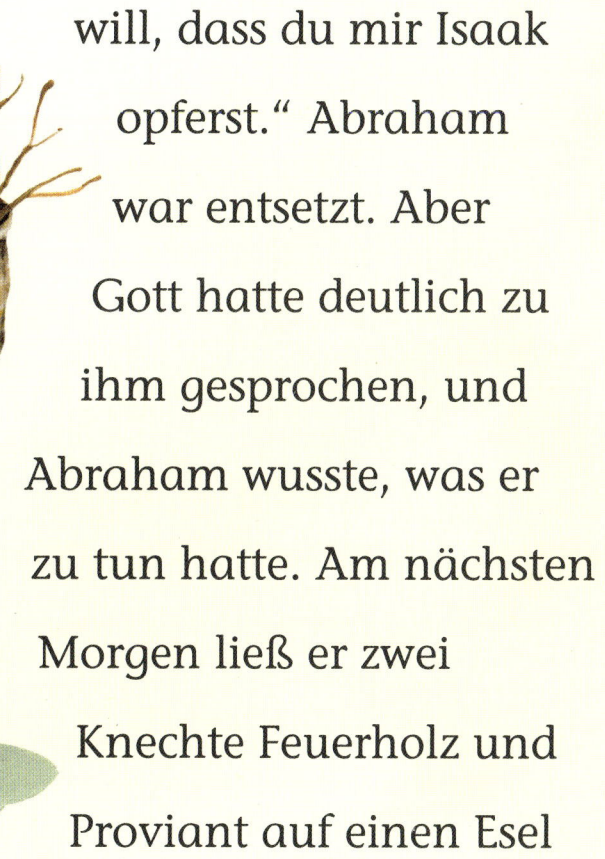

Zwei Tage lang waren sie unterwegs, bis sie schließlich am dritten Tag am Fuß des Berges ankamen, den Gott ihm genannt hatte. „Ihr bleibt mit dem Esel hier!", sagte Abraham zu den Knechten. „Ich gehe mit Isaak hinauf. Dort will ich beten und Gott ein Opfer darbringen."

Isaak half eifrig beim Abladen des Esels und trug das Feuerholz. Abraham trug ein scharfes Messer und eine Schale mit heißen Kohlen, mit denen er das Feuer entzünden wollte.

Dann stieg der alte Mann mit seinem Sohn den Berg hinauf, höher und immer höher, bis sie die Knechte unten nicht mehr sehen konnten. Schließlich kamen sie auf einer kleinen Lichtung an, wo Abraham stehen blieb und mit seltsam angespannter Stimme sagte: „Hier ist der Ort."

„Vater, wir haben Holz und Kohle dabei, aber wir haben das Opfertier vergessen", sagte Isaak.

Abraham konnte seinem Sohn nicht in die Augen blicken. „Gott wird uns das Opfertier schicken", entgegnete er mit gebrochener Stimme.

Gemeinsam bauten sie aus Steinen einen Altar und schichteten das Holz darauf. Schließlich war es an der Zeit, dass Abraham das Opfer darbrachte.

Wie sehr erschrak Isaak, als ihm klar wurde, dass er selbst das Opfer war! Abraham stockte der Atem, und das Herz schlug ihm bis in die Kehle. Er musste es tun.

Als er gerade ansetzen wollte, donnerte eine Stimme vom Himmel herab: *„Halt!"* Abraham wusste, dass es die Stimme eines Engels war.

„Du hast bewiesen, dass du Gott über alles liebst.

Auf Gottes Geheiß hin hättest du ihm deinen Sohn geopfert. Tu Isaak nichts zuleide."

Abraham ließ das Messer sinken. Seine Hände zitterten so sehr, dass er das Seil kaum aufknoten konnte, mit dem er Isaak gefesselt hatte. Die Tränen liefen ihm über die Wangen, und er schluchzte erleichtert, als er seinen geliebten Sohn in die Arme schloss und ihn um Vergebung bat.

Durch die Tränen hindurch sah er, dass sich im Gestrüpp gleich neben ihnen ein Widder mit seinen Hörnern verfangen hatte. „Siehst du, Isaak", sagte er. „Ich habe dir doch gesagt, dass uns Gott das

Opfer schicken wird!" Abraham ging zu dem Widder, befreite ihn und opferte ihn an Isaaks Stelle.

Als Abraham und sein Sohn das Tier geopfert und gebetet hatten, stiegen sie den Berg wieder hinab und kehrten gemeinsam nach Hause zurück.

Genesis, Kapitel 22

Die Zwillingsbrüder

Isaaks Mutter, Sara, wurde hundertsiebenundzwanzig Jahre alt, während sein Vater, Abraham, hundertfünfundsiebzig Jahre alt wurde. Als beide bereits gestorben waren, heiratete Isaak eine Frau namens Rebekka. Sie kam aus der Stadt Haran, in der Abraham früher gelebt hatte. Isaak hatte das Land und die Tiere seines Vaters geerbt. Er blieb in

Kanaan und folgte damit Gottes Willen, wie schon sein Vater vor ihm.

Wie seine Eltern, so mussten auch er und Rebekka sich lange gedulden, bis Gott ihnen Kinder schenkte. Sie warteten zwanzig Jahre lang. Und die Zeit des Wartens hatte sich gelohnt, denn Rebekka bekam nicht nur ein Kind, sondern gleich zwei: Zwillinge! Kurz bevor sie geboren wurden, sagte Gott zu Rebekka: „Du wirst zwei Söhne bekommen, die zwei Stämme anführen werden. Ein Junge wird stärker als der andere sein, und der ältere wird dem jüngeren dienen." Bei ihrer Geburt geschah etwas sehr Seltsames. Als das zweite Kind zur Welt kam, hielt es sich an der Ferse des ersten Kindes fest, als wollte es seinen Bruder festhalten und ihn überholen. Isaak und Rebekka nannten den älteren Sohn Esau, das heißt „haarig", weil er über und über mit Haaren bedeckt war. Den jüngeren nannten sie Jakob (das bedeutet: „der, der den Platz eines anderen einnimmt").

Als die Zwillinge heranwuchsen, zeigte sich, dass sie nicht nur äußerlich unterschiedlich waren, sondern auch in ihrer Art. Jakob war ruhig und nachdenklich. Er verbrachte seine Zeit am liebsten zu Hause mit seiner Mutter in der Küche, und sie mochten sich sehr. Esau war stark und mutig. Er streifte gerne in der Natur umher und wurde ein ausgezeichneter Jäger. Esau war der Liebling seines Vaters. Immer dann, wenn Jakob seinen Vater und seinen

Bruder zusammen sah, wie sie sich unterhielten und lachten, wünschte er sich von Herzen, dass er der Liebling seines Vaters wäre. Hinzu kam, dass Esau vor Jakob geboren worden war, und das Gesetz besagte, dass Esau einmal den gesamten Besitz ihres Vaters erben würde, wenn dieser starb. Esau hatte damit das Erstgeburtsrecht. Jakob wusste, dass er klüger war als Esau und sich um das Erbe seines Vaters wesentlich besser kümmern könnte. Er konnte den Gedanken nicht ertragen, dass alles später einmal Esau gehören sollte.

Eines Tages kochte Jakob gerade ein Linsengericht, als Esau von der Jagd zurückkam. „Oh, was ist das?", fragte er. „Ich sterbe vor Hunger!", rief er, beugte sich über den Kochtopf und roch daran. „Kann ich etwas davon haben?", fragte er.

Da hatte Jakob eine Idee.
Seine Augen funkelten. „Ich
gebe dir etwas von dem Eintopf",
antwortete er, „wenn du mir
versprichst, dass du mir dein
Erstgeburtsrecht gibst."

„Einverstanden!", sagte Esau.
Er war so hungrig, und sein
Magen knurrte so sehr.
„Wenn ich in den nächsten
fünf Minuten nichts zu essen
bekomme, sterbe ich vor
Hunger. Dann habe ich vom
Erstgeburtsrecht auch nichts mehr."
Aber Jakob meinte es ganz ernst: „Schwöre es!"

„Ich schwöre", versprach Esau. „Und jetzt gib
mir schon etwas von dem Eintopf!"

Jakob schöpfte Eintopf in eine Schale und gab sie Esau zusammen mit warmem, frisch gebackenem Brot. Die Zwillinge lehnten sich zurück und waren beide zufrieden.

Zwanzig Jahre später war Isaak ein alter, blinder Mann, der wusste, dass er nicht mehr lange zu leben hatte. Einer seiner letzten Wünsche war es, dass Esau auf die Jagd gehen sollte und ihm Wild für sein Lieblingsessen jagen sollte. Danach wollte Isaak seinem ältesten Sohn den Erstgeburtssegen zusprechen.

Esau zog mit Pfeil und Bogen los.

Rebekka hatte aber alles mit angehört, und sie ersann einen Plan, wie sie ihren Mann dazu bringen konnte, dass er stattdessen Jakob den Segen zusprach. Schnell kochte sie Isaaks Lieblingsessen.

Dann gab sie Jakob Esaus Kleider, damit er roch wie sein Bruder, und wickelte ihm Ziegenfell um Arme und Hals, damit er genauso behaart war wie sein Bruder.

„Aber … Aber …", protestierte Jakob.

„Ich nehme die Schuld auf mich", versicherte Rebekka ihm und schickte ihn mit dem Essen zu seinem Vater.

Der Plan ging auf.

Isaak war zunächst etwas misstrauisch, weil sein Lieblingsessen so schnell zubereitet war, aber Jakob erklärte ihm, dass Gott ihm bei der Jagd geholfen hatte. Jakob ahmte Esaus Stimme nach, und er roch genau wie sein Bruder.

Isaak ließ sich täuschen. Er hielt Jakob für Esau und gab ihm den Erstgeburtssegen.

Als Esau von der Jagd zurückkam und zu seinem Vater ging, bemerkten beide schnell, dass sie getäuscht worden waren. Sie konnten es nicht glauben, aber es war zu spät. Der alte Mann konnte seinen Segen nicht zurücknehmen.

Als Esau später alleine war, wurde er wütend. „Ich werde warten, bis Vater gestorben ist", schwor er sich, „aber nicht länger. Und dann wird Jakob mir das büßen."

Genesis, Kapitel 25 bis 28

Jakobs Traum

Jakob hatte es zwar geschafft, sich den Erstgeburtssegen seines Bruders zu erschleichen, aber er konnte sich nicht lange darüber freuen und bereute, was er getan hatte. Sein alter, blinder Vater war so bitter enttäuscht, dass er kaum noch mit Jakob redete, und Esau ertrug seinen Anblick nicht mehr. Esau hatte sich nur deshalb noch nicht an

seinem Zwillingsbruder gerächt, weil er seinen Vater nicht noch trauriger machen wollte. Jakobs Mutter war die Einzige, die ihn noch liebte – und selbst sie sollte er jetzt verlieren. Rebekka hatte Angst, dass Esau Jakob etwas antun könnte, sobald Isaak gestorben war. „Geh weit weg von hier, damit Esau dir nichts anhaben kann", drängte ihn Rebekka. „Geh zu meinem Bruder, deinem Onkel Laban, in die Stadt Haran. Dort wirst du sicher sein. Vielleicht beruhigt sich dein Bruder wieder und vergibt dir. Dann kannst du wieder zurückkommen."

Und so ging Jakob in Schande alleine und mittellos von seiner Familie weg. Er zog durch die Wüste nach Haran und bereute es sehr, dass er seinen Vater und seinen Bruder betrogen hatte. Am Ende des ersten Tages kam Jakob an einen felsigen, abgelegenen Ort, wo er sein Nachtlager

aufschlug. Traurig und erschöpft legte sich Jakob auf den Boden. Er legte seinen Kopf auf einen flachen Stein und versuchte zu schlafen.

Jakob war ganz alleine in der Wüste. Er hatte Hunger und fror. Er hatte Angst vor wilden Tieren und schlief nicht gut. Stundenlang warf er sich unruhig hin und her, bis er schließlich einschlief. Doch dann hatte er einen seltsamen Traum.

Jakob träumte, dass ein gleißend helles Licht plötzlich am dunklen Nachthimmel erschien. Er hielt sich die Hände vor die Augen und blinzelte, bis er die Augen aufmachen und wieder etwas erkennen konnte. Dann sah Jakob, wie das Licht in einem klaren, beständigen Strahl auf den Boden schien. Figuren in hellen leuchtenden Gewändern bewegten sich auf und ab. Erschrocken bemerkte Jakob, dass es sich

um eine Treppe handelte, die vom

Himmel auf die Erde führte, und

dass die Figuren Engel waren. Und auf

einmal stand da Gott selbst. „Ja, ich bin

der Herr", sagte Gott. „Und wie ich es

deinem Großvater Abraham und auch

deinem Vater Isaak versprochen habe,

werde ich das Land, auf dem du liegst,

dir und deiner Familie geben. Du wirst

so viele Nachkommen haben, wie es

Staubkörner auf der Erde gibt. Und

denk daran, dass du nie alleine

bist. Ich werde immer bei dir

sein. Ich werde dich behüten,

und egal, wohin du

gehst, ich werde

dafür

sorgen, dass du eines Tages sicher in dieses Land zurückkehren wirst."

Dann verblasste die Treppe mitsamt den Engeln, und die Stimme war nicht mehr zu hören. Jakob wachte auf, er war ganz steif und kalt und alleine in der Wüste. Aber er wusste, dass Gott bei ihm war und über ihn wachte.

Genesis, Kapitel 27 und 28

Josef,
der Träumer

Jakob war einer der wohlhabendsten Männer in ganz Kanaan. Er hatte riesige Herden von Rindern, Schafen, Ziegen, Kamelen und Eseln, und er besaß viele Zelte, in denen er seinen Besitz unterbrachte. Am meisten aber bedeutete ihm Josef, sein elfjähriger Sohn. Josefs Mutter, Rahel, war Josefs große Liebe. Das Paar hatte viele Jahre warten müssen, bis Gott

ihnen ein Kind geschenkt hatte. Es hatte so lange gedauert, dass Jakob in der Zwischenzeit zehn Söhne von drei anderen Frauen bekommen hatte. Deshalb war Josef sein Ein und Alles.

Allerdings zeigte Jakob seinen anderen Kindern, dass Josef sein Lieblingssohn war. Manchmal verbrachte er den Tag mit Josef im Haus, während er die anderen Söhne zur Arbeit aufs Feld schickte. Natürlich ärgerten sich Jakobs andere Söhne darüber und waren neidisch auf ihren Bruder. Alles wurde noch schlimmer, als Josef siebzehn Jahre alt wurde. Jakob ließ ihm einen teuren Mantel anfertigen. Es war ein

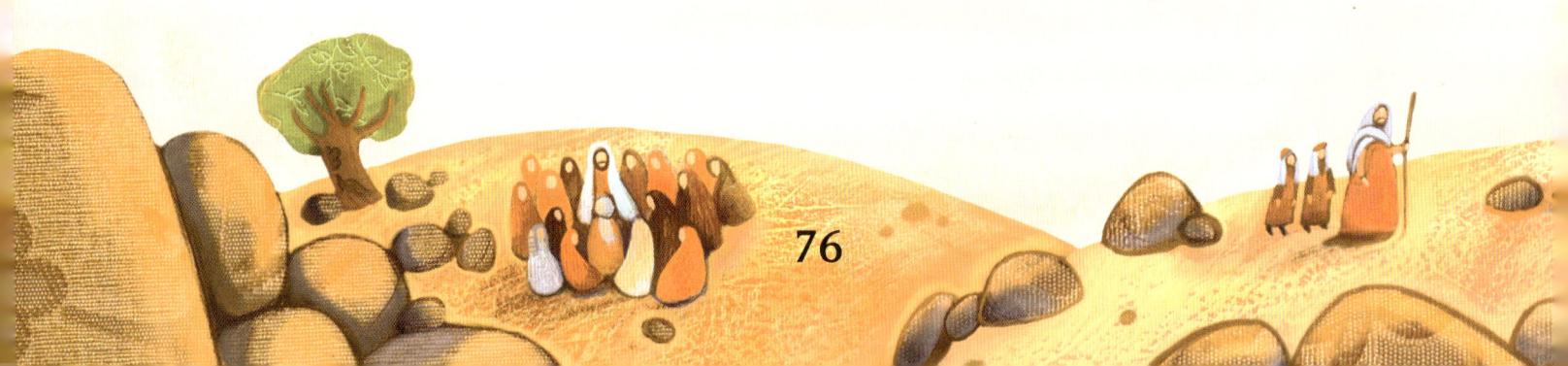

prächtiger, langer Mantel mit breiten Ärmeln, reich bestickt in vielen Farben. Jakobs andere Söhne platzten fast vor Neid.

Und dann hatte Josef auch noch so seltsame Träume. „Stellt euch vor", erzählte er seinen Brüdern am nächsten Morgen. „Gestern Nacht habe ich geträumt, dass wir auf dem Feld waren. Wir haben Getreide geerntet und die Getreidegarben zusammengebunden. Plötzlich richtete sich meine Garbe auf. Eure Garben umringten sie und verneigten sich vor meiner!"

„Was glaubst du eigentlich, wer du bist?", fauchte einer seiner Brüder.

„Denkst du, du bist besser als wir?", fuhr ihn ein anderer an.

„Glaubst du, dass du eines Tages König sein und über uns herrschen wirst?", knurrte ein dritter.

Kurze Zeit später hatte Josef wieder einen seltsamen Traum, und wieder machte er den Fehler, seinen Brüdern davon zu erzählen.

„Letzte Nacht habe ich geträumt, wie sich die Sonne, der Mond und elf Sterne vor mir verbeugt haben." Die Brüder wussten, dass Josef damit ihren Vater, seine Mutter und die elf Brüder meinte, die seine Diener sein sollten. Sie wurden unglaublich wütend!

Eines Tages, als Jakob mit Josef zu Hause geblieben war, während er seine anderen Söhne aufs Feld geschickt hatte, beschloss er, dass Josef nach seinen Brüdern sehen sollte. Die Brüder waren durstig und müde und sahen Josef schon von Weitem, wie er ausgeruht und in seinem prächtigen Gewand auf sie zukam. Sie schmiedeten einen schrecklichen Plan.

„Da kommt der Träumer!", lachte einer von ihnen. „Ich wünschte, wir könnten ihn ein für alle Mal loswerden."

„Das ist doch die Gelegenheit", sagte ein anderer. „Weit und breit ist niemand zu sehen!"

„Wir erschlagen ihn und werfen ihn in den Brunnen dort drüben", drängte ein anderer Bruder.

„Und unserem Vater erzählen wir, dass er von wilden Tieren angefallen wurde!", schlug ein weiterer vor.

„Hört auf!", unterbrach sie der älteste Bruder, Ruben, erschrocken. „Wir können doch Josef nicht töten. Wollt ihr wirklich sein Blut an euren Händen haben? Wenn ihr ihn unbedingt loswerden wollt, dann werft ihn in den alten, ausgetrockneten Brunnen dort drüben, aber tötet ihn nicht!" Die Brüder wussten nicht, dass Ruben

vorhatte, Josef zu retten, sobald sie weggegangen wären.

Und so stürzten sich die Brüder auf Josef, zogen ihm seinen prächtigen Mantel aus und ließen ihn dann in den ausgetrockneten Brunnen hinab. Anschließend zogen sie das Seil nach oben, sodass er nicht mehr herausklettern konnte.

Ruben ging davon, um nach den Tieren auf weit entfernt gelegenen Weiden zu sehen.

Während Ruben weg war, kam eine Kamelkarawane von Gewürzhändlern vorbei, die unterwegs nach Ägypten war. Einer der Brüder, Juda, hatte eine weitere schreckliche Idee. „Ruben hat recht. Wir sollten Josef nichts tun – er ist immerhin unser Bruder. Aber ich habe einen besseren Plan. Wir verkaufen ihn stattdessen. Die Händler werden sicher einen guten Preis für einen Sklaven bezahlen."

Als Ruben zurückkehrte, hatten Juda und seine Brüder Josef den Händlern für zwanzig Silberstücke verkauft.

„Was habt ihr getan?", rief Ruben aus. „Schämst du dich nicht, Juda? Wie könnt ihr nur? Was wollt ihr denn unserem Vater erzählen?"

Verzweifelt ersannen die Brüder den letzten Teil ihres gemeinen Plans. Sie schlachteten einen Ziegenbock, tauchten Josefs Mantel in das Blut und brachten den blutgetränkten Mantel zu ihrem Vater. „Wilde Tiere haben Josef gefressen", erklärten sie Jakob.

Jakob brach in Tränen aus. „Ich werde um meinen Sohn trauern bis zu dem Tag, an dem ich sterbe."

Genesis, Kapitel 37

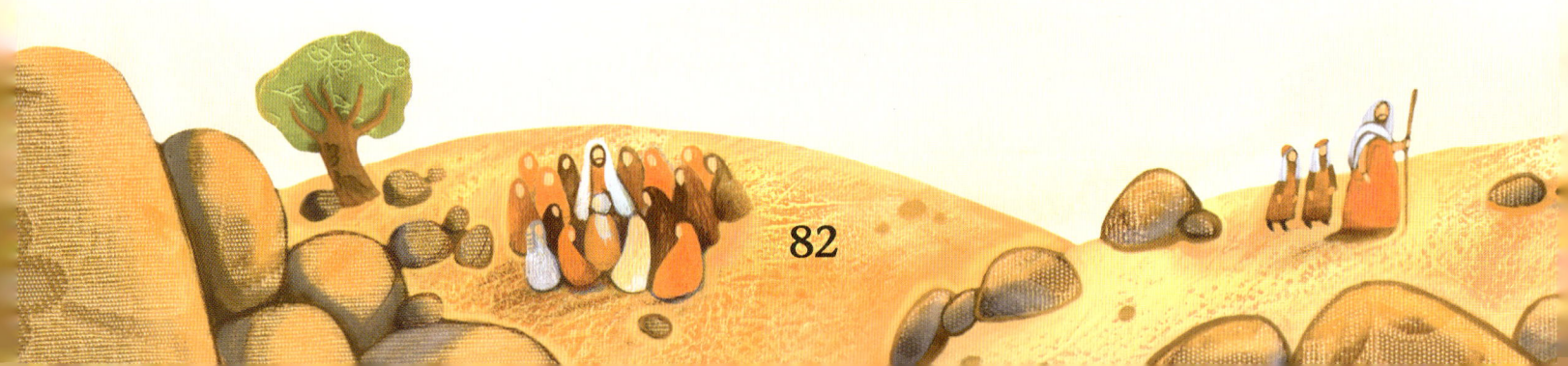

Ein Sklave
in Ägypten

Josef war erschöpft und hatte Angst: Er war von seinen Brüdern verkauft, von Fremden in ein weit entferntes Land entführt und dann auf dem Marktplatz als Sklave verkauft worden. Trotzdem musste er noch immer wie jemand gewirkt haben, dem man vertrauen konnte, denn der Mann, der Josef kaufte, ließ ihn in seinem Haus arbeiten

und nicht wie andere Sklaven auf seinen Feldern
arbeiten. Er war ein wichtigr und wohlhabender
Mann. Er hieß Potifar, und er war der Oberste der
Leibwache des Pharao. Gott wich nicht von Josefs
Seite. Er ließ ihn den Mut nicht verlieren und stand
ihm bei, damit er seine Aufgaben gut erfüllen
konnte. Potifar war sogar so zufrieden mit Josef,
dass er ihn immer weiter beförderte, bis er ihn
schließlich zum Verwalter seines Hauses machte.

Josef war aber nicht nur fleißig und
vertrauenswürdig, er sah auch noch sehr gut
aus. So kam es, dass sich Potifars Frau in ihn
verliebte. Es verging kein Tag, an dem sie nicht
die Gelegenheit nutzte, hinter dem Rücken ihres
Mannes mit Josef zu flirten. Sie versuchte, ihn dazu
zu überreden, eine Affäre mit ihr einzugehen. Josef
war Potifar jedoch treu ergeben und wies sie immer

ab. Aber Potifars Frau hatte sich Josef in den Kopf gesetzt und gab nicht auf. Eines Tages wartete sie auf Josef und hielt ihn an seinem Mantel fest. Josef konnte sich nicht losreißen, deshalb zog er seinen Mantel aus und rannte davon! Die verschmähte Frau sah jetzt die Gelegenheit, wie sie sich an Josef rächen konnte. Sie machte ein Riesentheater und beschuldigte Josef, dass er gewaltsam in ihr Schlafzimmer eingedrungen war. Sie sagte, als sie laut geschrien habe, sei er davongerannt und hätte nur seinen Mantel zurückgelassen.

Potifar war wütend und ließ Josef ins Gefängnis werfen.

Josef hätte weinen und klagen können. Er hätte verzweifelt sein und vor Kummer und Verzweiflung sterben können, aber Gott wich auch jetzt nicht von seiner Seite und machte ihm Mut. Der Gefängnisleiter mochte den zuverlässigen und fähigen jungen Mann und fing an, ihm kleine Sonderaufgaben zu geben. Bald vertraute er Josef alle Gefangenen an.

Zwei der Gefangenen, für die Josef zuständig war, waren der königliche Mundschenk und der Hofbäcker des Pharao. Als Josef eines Morgens zu ihnen kam, sah er, dass sie missmutig dreinblickten. Sie erzählten ihm, dass sie seltsame Träume gehabt hatten, die sie nicht verstanden.

„Erzählt mir von euren Träumen", sagte Josef. „Vielleicht erklärt mir Gott, was sie bedeuten."

„Ich habe von einem Weinstock geträumt, an dem drei Ranken wuchsen", sagte der Mundschenk. „Ich pflückte die Trauben, zerdrückte sie im Becher des Pharao und gab dem Pharao den Becher mit dem Saft."

Josef war sich ziemlich sicher, dass Gott ihm gesagt hatte, was der Traum zu bedeuten hatte. „Der Pharao wird dich in drei Tagen begnadigen und wieder in dein Amt einsetzen", erklärte er ihm.

Der Mundschenk war hocherfreut. „Oh, vielen Dank! Ich danke dir so sehr!", rief er aus.

„Mein Freund", sagte Josef, „versprich mir nur, dass du mich nicht vergessen wirst, wenn du frei bist. Erzähle dem Pharao von mir, und bitte ihn,

dass er mich freilässt, denn ich habe es nicht verdient, hier im Gefängnis zu sein!"

„Und was ist mit meinem Traum?", fragte der Bäcker aufgeregt. „Ich habe geträumt, dass ich drei Körbe Weißbrot auf meinem Kopf getragen habe, und die Vögel fraßen das Brot aus dem obersten Korb."

Josefs Gesicht wurde traurig, als ihm die Bedeutung klar wurde. „Es tut mir leid für dich", antwortete er traurig, „aber in drei Tagen wird dich der Pharao hängen lassen."

Beide Träume wurden wahr. Nach drei Tagen wurde der Bäcker getötet, während der Mundschenk freigelassen wurde und wieder für den Pharao arbeiten durfte. Er war so glücklich, dass er gar nicht mehr an Josef dachte und ihn vergaß. Und so blieb Josef im Gefängnis.

Genesis, Kapitel 39 und 40

Der Herrscher von Ägypten

Eines Morgens herrschte Aufruhr im Königspalast von Ägypten. Der Pharao hatte schlecht geschlafen und war beunruhigt. Er hatte zwei seltsame Träume gehabt, von denen er nicht wusste, was sie zu bedeuten hatten. Im ersten Traum stand der Pharao am Nil. Sieben wohlgenährte Kühe kamen aus dem Wasser und

weideten im Riedgras.
Dann kamen sieben
weitere Kühe – aber
dieses Mal waren die Kühe
mager. Die mageren Kühe
fraßen die fetten Kühe auf, aber
sie sahen danach nicht gesünder
aus. Im zweiten Traum sah der Pharao
sieben Getreideähren, die an einem Halm
wuchsen. Sie reiften heran und wurden goldgelb.
Dann bemerkte er sieben kümmerliche und
ausgedörrte Ähren, die die großen, prallen Ähren
verschlangen.

Der Pharao hatte alle Weisen des Landes rufen
lassen, aber keiner von ihnen konnte seine Träume

deuten. Plötzlich erinnerte sich der Mundschenk des Pharao an Josef. Zwei Jahre waren seitdem vergangen, und er war sich nicht sicher, ob Josef noch am Leben war. Aber er erzählte dem Pharao von dem erstaunlichen jungen Israeliten aus dem Gefängnis.

Der Pharao ließ Josef sofort rufen. Josef wurde aus dem Gefängnis geholt und in den herrlichen Empfangssaal des großen Königs von Ägypten gebracht. Dann erzählte der Pharao Josef von seinen Träumen. Und Gott deutete Josef die Träume des Pharao.

„Beide Träume bedeuten dasselbe", erklärte Josef dem gespannten König. „Die nächsten sieben Jahre lang wird Ägypten reiche Ernten haben. Aber in den sieben Jahren darauf wird es keine Ernte geben, und eine schreckliche Hungersnot

wird herrschen. Gott sagt dir, dass du Folgendes tun sollst: Beauftrage einen Minister und seine Beamten, damit sie sich um dein Reich kümmern. In den nächsten sieben Jahren sollen sie ein Fünftel allen Getreides einlagern. In den Jahren der Hungersnot könntest du das Getreide verteilen, damit dein Volk nicht hungern muss."

„Ist das wirklich so?", fragte der Pharao. „Ist es das, was dein Gott denkt?"

Der Pharao stieg von seinem glänzenden Thron herab, nahm einen großen goldenen Ring von seinem Finger und gab ihn dem ehemaligen Gefangenen. „Du wirst der Minister sein", befahl er. „Ich kann mir keinen besseren vorstellen. Und du fängst gleich damit an."

Genesis, Kapitel 41

Der
silberne Becher

Im Alter von dreißig Jahren war Josef die rechte Hand des Pharao. Bis auf den Pharao gab es in ganz Ägypten keinen mächtigeren Mann als ihn.

Sieben Jahre mit guten Ernten gingen ins Land. Dann gab es, wie vorhergesagt, Missernten, nicht nur in Ägypten, sondern auch in den angrenzenden Ländern. Zum Glück hatte Josef dafür gesorgt, dass

die Lagerhäuser der Ägypter voll waren. Und als sich die Nachricht von den vollen Lagerhäusern in Ägypten auch in den anderen Ländern verbreitete, kamen hungernde Menschen von nah und fern nach Ägypten, um dort um Nahrung zu bitten.

Unter ihnen waren auch Josefs Brüder aus Kanaan. Josefs Vater, Jakob, entsandte zehn seiner Söhne nach Ägypten, um Getreide zu kaufen. Nachdem er Josef bereits verloren hatte, hätte er es nicht ertragen, wenn er auch noch Benjamin, den zweiten Sohn, den er mit Rahel bekommen hatte, verlieren würde. Deshalb blieb Benjamin bei ihm zu Hause.

Über zwanzig Jahre waren vergangen, seit die Brüder Josef in die Sklaverei verkauft hatten. Josef war jetzt mit einer Ägypterin verheiratet. Er sah aus wie ein prächtiger ägyptischer Prinz.

Er sprach sogar Ägyptisch. Deshalb erkannten ihn seine Brüder auch nicht, als sie zu ihm kamen und Getreide von ihm kaufen wollten. Aber Josef wusste sofort, wer sie waren. Er war enttäuscht, dass Benjamin – sein Lieblingsbruder – nicht mitgekommen war, deshalb beschloss Josef, ihn durch eine List nach Ägypten zu holen.

„Ich glaube nicht, dass ihr wegen des Getreides gekommen seid", ließ Josef seinen Brüdern über einen Dolmetscher sagen. „Ich glaube, dass ihr Spione seid!"

„Wir sind keine Spione, wir sind Brüder", protestierten sie. „Wir waren einmal zwölf Brüder, aber einer ist vor langer Zeit gestorben, und unser jüngster Bruder ist zu Hause bei unserem Vater."

„Dann beweist es", ordnete Josef an. „Einer von euch soll nach Hause zurückreisen und euren jüngsten Bruder holen. Ich werde euch etwas Bedenkzeit geben, damit ihr entscheiden könnt, wer von euch gehen soll." Und er ließ sie alle ins Gefängnis werfen.

Nach drei Tagen ließ Josef die Brüder vor sich bringen.

„Ich habe beschlossen, dass ihr mit dem Getreide, das ihr braucht, nach Hause gehen dürft", verkündete er. „Aber ihr müsst mir euren jüngsten Bruder bringen, und damit ihr das auch tut, wird einer von euch als Pfand hierbleiben."

Er klatschte in die Hände, und sofort ergriffen seine Diener Simeon, banden ihm die Hände zusammen und nahmen ihn mit sich.

Schweren Herzens zogen die neun Brüder zurück nach Kanaan. Noch mehr Gedanken machten sie sich, als sie bemerkten, dass das Geld, das sie für das Getreide bezahlt hatten, plötzlich wieder in ihren Säcken war. „Was ist passiert?", fragten sie sich. „Damit werden wir noch mehr Schwierigkeiten bekommen." Sie hatten keine Ahnung, dass Josef seine Diener angewiesen hatte, das Geld wieder in ihre Säcke zu stecken.

Als sie Jakob erzählten, dass sie mit Benjamin nach Ägypten gehen mussten, rief der traurige alte Mann aus: „Nein! Auf keinen Fall! Ich habe schon Josef verloren, und jetzt ist Simeon auch nicht zurückgekommen. Benjamin bleibt hier."

Aber die Wochen vergingen, die Hungersnot wurde immer schlimmer, und irgendwann war auch das Getreide aus Ägypten aufgebraucht. Jakob hatte keine andere Wahl, als seine Söhne erneut nach Ägypten zu schicken, damit sie Getreide kauften – dieses Mal mit Benjamin. Er gab seinen Söhnen teure Geschenke für den mächtigen ägyptischen Minister mit, in der Hoffnung, dass sie ihm gefielen und alle seine zehn Söhne wieder gesund zu ihm nach Hause zurückkehren würden.

Sobald Josef hörte, dass seine Brüder wieder in Ägypten eingetroffen waren, ließ er sie zu sich in den Palast bringen. Die Männer hatten Angst, dass sie ins Gefängnis geworfen würden, weil sie das Geld in ihren Säcken vorgefunden hatten. „Es war ein Versehen", sagten sie Josefs Diener und gaben

es zurück. „Sieh her – es ist alles noch da. Zähl es nach."

Aber Josef hatte seine Brüder nicht deshalb in sein Haus gerufen. Stattdessen ließ er ein Festmahl für sie zubereiten. Josef war so glücklich, Benjamin wiederzusehen. Die Brüder durften zurück nach Kanaan gehen und so viel Getreide mitnehmen, wie sie wollten.

Sie waren allerdings nicht weit gekommen, als sie plötzlich das Klappern von Hufen hinter sich hörten. Als sie sich umdrehten, eilte der Diener Josefs hinter ihnen her. Er bestand darauf, dass die Brüder die Getreidesäcke öffneten, vom Ältesten zum Jüngsten, und im letzten, in Benjamins Getreidesack, war Josefs bester Silberbecher!

„Ihr Diebe!", beschuldigte der Diener sie, wohl wissend, dass es sich auch hier wieder um eine List Josefs handelte.

Völlig verzweifelt gingen die Brüder mit dem Diener zurück in die Stadt und baten Josef um Vergebung.

„Zur Strafe wird Benjamin hierbleiben und mein Sklave sein", verkündete Josef. „Ihr anderen könnt nach Hause gehen."

Plötzlich sprang Juda auf und flehte Josef an: „Unser Vater hat schon seinen Lieblingssohn verloren. Wenn wir jetzt auch noch ohne Benjamin zurückkehren, wird er bestimmt vor Kummer sterben. Ich bitte dich – lass mich für ihn bei dir bleiben und dein Sklave sein."

Josef hatte das Gefühl, das Herz würde ihm zerspringen. „Hinaus!", schrie er seine Berater an

und sie ließen ihn mit seinen Brüdern alleine. Endlich sagte er ihnen, wer er war.

„Macht euch keine Vorwürfe, dass ihr mich in die Sklaverei verkauft habt", sagte Josef zu den erstaunten Männern. „Das war alles Teil von Gottes Plan für mich." Dann umarmte er Benjamin, Tränen liefen ihm über die Wangen, und umarmte und küsste auch seine anderen Brüder.

Der Pharao lud Josefs Familie ein, in einem der schönsten und fruchtbarsten Gebiete Ägyptens zu wohnen, wo Josef sich um sie kümmern konnte.

Jakob konnte seinen geliebten Sohn Josef wieder in seine Arme schließen und lebte bis zum Ende seiner Tage glücklich und zufrieden.

Genesis, Kapitel 41 bis 46

Das Kind
im Korb

Josef und seine Brüder blieben für den Rest ihres Lebens in Ägypten und hatten viele Kinder, Enkel und Urenkel. Sie bestellten das Land und wurden wohlhabend und mächtig. Im Lauf der Zeit fingen die Ägypter an, sie als Israeliten zu bezeichnen. Das war der Name, den Gott Jakob gegeben hatte. Die Anzahl der Israeliten wuchs immer weiter, während

unterschiedliche Pharaonen kamen und gingen. Nach vierhundert Jahren gelangte ein Pharao an die Macht, der sehr besorgt darüber war, dass es so viele Israeliten gab. Er sagte zu seinen Beratern: „Wenn es einmal Krieg geben wird, wer weiß, ob sich die Israeliten dann nicht gegen uns wenden und sich mit unseren Feinden gegen Ägypten verbünden werden. Wir müssen dafür sorgen, dass ihr Volk nicht noch weiterwächst und sie nicht mehr so viel Macht haben."

Und so entschied sich der Pharao zu einer drastischen Aktion – er sandte Soldaten aus, die die Israeliten gefangen nahmen und zu Sklaven machten. Dann ernannte er Sklaventreiber, die dafür sorgten, dass die Israeliten auf den Straßen und Baustellen und auf den Feldern arbeiteten. Trotzdem wuchs die Zahl der Israeliten immer

mehr an, und ihre Familien verbreiteten sich in ganz Ägypten. Wütend ersann der Pharao einen noch gemeineren Plan. Er befahl seinen Soldaten, jeden neugeborenen israelitischen Jungen ausfindig zu machen und zu töten!

Natürlich versuchten viele verzweifelte Familien, ihre neugeborenen Söhne zu verstecken. Eine Frau, die bereits zwei Kinder hatte, Mirjam und Aaron, verbarg ihren neugeborenen Sohn drei Monate lang. Aber mit der Zeit wurde er größer und lauter, und sie konnte ihn kaum noch verstecken. Am Ende nahm die verzweifelte Frau einen Weidenkorb, den sie mit Pech bestrich, damit er wasserdicht war. Sie legte den Korb mit dem Kind darin am Nilufer vorsichtig in das dicke Weidengras, sodass er nicht davongetrieben wurde. Dann befahl sie Mirjam, in der Nähe zu

bleiben, um sicherzustellen, dass es dem Baby gut ging.

Es dauerte nicht lange, da sah das kleine Mädchen eine große Prozession, die am Fluss entlangkam. Mirjams Augen wurden ganz groß, als sie eine junge Frau in prächtiger Kleidung, mit funkelnden Juwelen und aufwendigem Make-up erkannte, die von vielen Dienern und Sklaven begleitet wurde. Es war die Prinzessin, die zum Baden gekommen war. Das kleine Mädchen beobachtete alles. Es wagte kaum zu atmen, als die Prinzessin den Korb in den Weiden entdeckte und eine Dienerin bat, ihr den Korb zu bringen. Sobald die Prinzessin den kleinen Jungen darin sah, war ihr klar, dass es ein Israelit sein musste. Als sie das Baby hochnahm, fing es an zu schreien, und ihr Herz zerfloss vor Mitleid mit

dem hungrigen, hilflosen Kind. Sie beschloss, das Baby mitzunehmen und es bei sich zu behalten.

Mutig ging Mirjam auf die Prinzessin zu und verneigte sich tief vor ihr. „Soll ich dir eine israelische Amme für das Kind suchen?", fragte sie aufgeregt.

Die Prinzessin war erfreut über das Angebot, und das kleine Mädchen rannte schnell nach Hause und holte seine Mutter.

So kümmerte sich am Anfang seine richtige Mutter um den Jungen, und später erhielt er die Erziehung eines ägyptischen Prinzen. Die Prinzessin liebte ihn sogar so sehr, dass sie ihn adoptierte. Sie nannte ihn Mose.

Exodus Kapitel 1 und 2

Der brennende Dornbusch

Mose wuchs als Mitglied des ägyptischen Königshauses auf, aber er wusste auch, dass er als Israelit geboren worden war. Als er älter wurde, fand er es unerträglich, dass er ein angenehmes Leben in Wohlstand und Freiheit führte, während die anderen Israeliten von den Ägyptern versklavt wurden. Eines Tages, als er bereits ein junger Mann

war, sah er einen ägyptischen Wachmann, der brutal auf einen Israeliten einschlug. Er konnte den Anblick nicht ertragen, stürzte sich auf den Wachmann und tötete ihn.

Die Nachricht von diesem Verbrechen verbreitete sich schnell. Mose wusste, dass selbst die Prinzessin ihn nicht vor einer schrecklichen Strafe würde bewahren können. Vielleicht würde er sogar zum Tode verurteilt werden. Es blieb ihm nichts anderes übrig, als zu fliehen.

Mose floh in ein Land namens Midian und lebte dort das ruhige Leben eines Schafhirten. Er kümmerte sich um die Herde des Priesters von Midian, der Jitro hieß, und heiratete dessen Tochter, Zippora. Die Jahre vergingen, und Moses früheres Leben als Mitglied der ägyptischen Königsfamilie erschien ihm wie ein Traum.

Eines Tages war Mose gerade mit seinen Schafen draußen im Freien, als er etwas Seltsames sah. Ein Busch stand in Flammen, doch die Blätter und Zweige des Busches verbrannten nicht. Während Mose sich noch darüber wunderte, hörte er eine laute Stimme. „Mose, komm nicht näher an diesen heiligen Ort! Ich bin Gott – der Gott deiner Väter Abraham, Isaak und Jakob."

Mose fiel zu Boden und bedeckte vor Schreck sein Gesicht.

„Ich habe gesehen, wie mein Volk, die Israeliten, in Ägypten leidet", hörte er die Stimme. „Aber ich werde sie aus der Sklaverei befreien. Ich werde sie zurück nach Kanaan führen, in das Land des Überflusses, von dem ich ihnen verheißen habe, dass es ihnen gehören würde. Ich will, dass du nach Ägypten zurückgehst und mein Volk rettest. Überzeuge sie, dir zu folgen, und fordere den Pharao auf, sie freizulassen."

Mose war schockiert. „Niemand wird mir glauben, dass meine Anweisungen von dir kommen, Herr", wandte er ein.

Gott gab Mose drei besondere Zeichen, die das beweisen sollten. Das erste Zeichen war Folgendes: Wenn Mose seinen Hirtenstab auf den Boden warf, verwandelte er sich in eine Schlange. Sobald er ihn aber wieder aufnahm, verwandelte er sich wieder

in Holz. Das zweite Zeichen war: Wenn Mose die Hand in sein Gewand schob, war sie danach von Schuppen bedeckt, als hätte er Lepra. Wenn er sie aber noch einmal in sein Gewand schob, war sie geheilt und gesund.

Zuletzt sagte Gott zu Mose, wenn er Wasser aus dem Nil auf den Boden schüttete, würde es sich in Blut verwandeln!

Mose war verblüfft, aber er war sich immer noch nicht sicher. „Wie kann ich jemand ein Anführer sein, Herr? Ich rede nicht gerne in der Öffentlichkeit. Ich werde rot und bringe kaum ein Wort heraus. Kannst du nicht jemand anderen schicken?"

„Ich habe deinem Bruder Aaron gesagt, dass er zu dir kommen soll – er wird für dich reden", beharrte Gott.

So packten er und seine Frau ihre Sachen und machten sich auf den Weg nach Ägypten.

Kurz vor Ägypten kam Aaron ihnen entgegen, genau wie Gott es Mose verheißen hatte. Die beiden Brüder eilten zu den Ältesten der Israeliten. Aaron erklärte ihnen, dass Gott Mose aufgetragen hatte, die Israeliten aus der Sklaverei zu führen. Und Mose bewies, dass Gott ihn wirklich beauftragt hatte, indem er die drei Zeichen vor aller Augen vollführte. Den Israeliten stockte der Atem! Sie glaubten Mose und sandten Dankgebete zum Himmel, dass Gott ihnen Hilfe geschickt hatte.

Exodus, Kapitel 2 bis 4

Die neun Plagen in Ägypten

Wie Gott befohlen hatte, baten Mose und Aaron um eine Audienz beim Pharao. Er erwartete sie in seinem herrlichen Empfangssaal, umgeben von all seinen Wachen, Beratern und Zauberern. „Wir sind im Auftrag Gottes gekommen, um dich zu bitten, dass du die Israeliten freilässt", sagten die beiden Brüder.

Aber der Pharao lachte nur und gab den Wachen ein Zeichen, damit sie Mose und Aaron hinausbrachten. Danach befahl er, dass die Israeliten von nun an noch härter arbeiten sollten.

„Ich habe alles nur noch schlimmer gemacht", sagte Mose zu Gott, aber Gott bestand darauf, dass er es erneut versuchte.

Deshalb gingen Mose und Aaron wieder zum Pharao. Dieses Mal warf Aaron Moses Stab zu Boden, der sich in eine Schlange verwandelte, die auf dem Boden zischelte. Der Pharao gab seinen Zauberern ein Zeichen. Auch sie warfen ihre Stäbe zu den Boden, die sich ebenfalls in zischelnde Schlangen verwandelten. Es kümmerte den Pharao wenig, dass

Aarons Schlange alle anderen Schlangen verschlang. „Die Audienz ist beendet", befahl er kalt.

Mose war verzweifelt, aber Gott sagte ihm, was er tun sollte. Früh am nächsten Morgen gingen Mose und Aaron zum Nil hinunter und warteten, bis der Pharao dort wie gewöhnlich spazieren ging. Als der Pharao ihre Bitte wieder ausschlug, berührte Aaron mit dem Stab das Wasser des Nils. Sofort verwandelte sich der Nil in Blut. Der Fluss blieb sieben Tage lang blutrot, alle Fische starben, und es gab kein Trinkwasser mehr.

Doch der kaltherzige König ließ sich davon nicht beeindrucken.

Als Nächstes gab Mose Aaron ein Zeichen, den Stab über den Nil zu halten. Da hüpften plötzlich

Millionen von Fröschen aus jedem Fluss, Bach und Teich in Ägypten. Wohin man auch sah, überall waren Frösche … egal, was man auch berührte, überall waren Frösche … Die Menschen konnten sich vor lauter Fröschen kaum noch bewegen!

Der Pharao ließ Mose rufen. „Sag deinem Gott, wenn er damit aufhört, werde ich dein Volk gehen lassen."

Sofort gab es so viele tote Frösche, dass die Ägypter sie zu riesigen stinkenden Haufen auftürmen mussten.

Da nahm der Pharao sein Wort wieder zurück. Deshalb befahl Gott, dass Aaron den Boden mit seinem Stab berühren sollte. Staub wirbelte auf, und Milliarden von Läusen krabbelten aus dem Boden und brachen über Ägypten herein.

Bald war alles, was zuvor mit hüpfenden Fröschen übersät gewesen war, voller juckender und beißender Läuse.

Doch das Herz des Pharao war verstockt. Deshalb sandte Gott Wolken von Fliegen nach Ägypten. Sie verdunkelten den Himmel, bedeckten den Boden, stürzten sich auf die Köpfe der Menschen, landeten auf ihren Augenlidern und flatterten in ihre Nasenlöcher. Aber keine einzige Fliege flog in das Haus eines Israeliten.

Auch nun ließ der Pharao Mose wieder zu sich rufen. „Ich werde tun, was du verlangst", erklärte er. „Wenn dein Gott nur diese Fliegen wieder verschwinden lässt!"

Doch auch dieses Mal brach der Pharao sein Versprechen, sobald die Fliegen verschwunden waren.

Deshalb schickte Gott eine schreckliche Krankheit, die jedes Pferd, jedes Kamel, jeden Ochsen, jede Ziege und jedes Schaf im Land dahinraffte – bis auf diejenigen, die den Israeliten gehörten.

Trotzdem wollte der Pharao noch immer nicht klein beigeben.

Dann sagte Gott zu Mose und Aaron, dass sie eine Handvoll Asche nehmen und in die Luft werfen sollten. Sobald der Wind kam, blies er die Asche über Ägypten, und eine schlimme Krankheit verbreitete sich, die schreckliche Beulen bei allen Menschen und Tieren versursachte – nur nicht bei den Israeliten.

Auch davon ließ sich der Pharao nicht beeindrucken. Deshalb sagte Gott zu Mose, dass er mit seinem Stab den Himmel berühren sollte. Donner grollte, Blitze zuckten, und Hagel fiel in mächtigen Sturzbächen herab und machte alle

Bäume und Pflanzen dem Erdboden gleich. Bis auf die Felder, die den Israeliten gehörten.

Schließlich ließ der Pharao Mose noch einmal zu sich rufen.

„Es reicht!", rief er. „Sorge dafür, dass es aufhört, und ich werde tun, was du verlangst." Mose betete, und der Sturm legte sich. „Ich habe gelogen", verkündete der Pharao triumphierend.

Am nächsten Tag zog ein seltsamer Wind über Ägypten hinweg, der Scharen von Heuschrecken mit sich brachte. Innerhalb weniger Stunden hatten sie jeden Grashalm, jede Ähre und jede Frucht eines Baumes gefressen.

„Aaaahh", schrie der Pharao. „Also gut, die Israeliten können gehen." Der Wind wechselte die Richtung, und die Heuschrecken wurden in das Rote Meer geweht und ertranken.

Doch auch jetzt wollte sich der Pharao noch immer nicht an sein Versprechen halten. Deshalb sagte Gott zu Mose, dass er seine Hand ausstrecken sollte. Ägypten wurde drei Tage lang in völlige Dunkelheit gehüllt. Da rief der Pharao Mose erneut zu sich. „Die Israeliten können gehen, und dieses Mal werde ich mein Versprechen nicht brechen", schrie er. „Solange sie ihre Schafe, Ziegen, Kamele und Esel hierlassen."

Mose hörte auf das, was Gott zu ihm sagte.

„Nein", antwortete er, und der Pharao kochte vor Wut.

„Dann hinaus mit dir!", brüllte der grausame König. „Dein Volk, die Israeliten, werden für alle Zeiten meine Sklaven sein. Wenn du mir noch einmal unter die Augen kommst, wirst du sterben!"

Exodus, Kapitel 5 bis 10

Das erste Paschafest

Gott sagte zu Mose: „Eine letzte Plage will Gich über Ägypten hereinbrechen lassen. Sie wird so schrecklich sein, dass der Pharao die Israeliten gerne ziehen lassen wird. Um Mitternacht soll jeder Erstgeborene in Ägypten sterben. Der Erstgeborene des Pharao, ebenso der Erstgeborene der einfachsten Magd und der Erstgeborene jedes

Tieres. Niemand soll verschont bleiben – nur die Israeliten. Und das sollen die Israeliten tun, damit sie verschont bleiben: Jede Familie soll ein Lamm zubereiten und die Türpfosten ihres Hauses mit dem Blut des Lammes bestreichen. Dann werde ich wissen, in welchen Häusern die Israeliten wohnen. Von nun an soll dieser Tag Pascha heißen. Feiert ihn als den ersten Tag des Jahres. Wenn ich heute Nacht durch die Straßen gezogen bin, wird mein Volk frei sein – und ein neues Zeitalter beginnt."

Am nächsten Morgen hörte man in ganz Ägypten die Schreie und das Weinen der Menschen, die bemerkten, dass ihre Erstgeborenen tot waren. Überall im ganzen Land hatten Menschen und Tiere ihr Leben ausgehaucht – nur unter den Israeliten war niemand gestorben.

Nun gingen Mose und Aaron wieder zum Pharao, der seinen erstgeborenen Sohn betrauerte. „Nehmt euer Volk, und geht!", sagte er mit leiser Stimme. „Geht, und kommt mir nie wieder unter die Augen."

In ganz Ägypten waren die Menschen so froh, dass sie die Israeliten nun endlich loswurden, dass sie ihnen noch Gold, Silber und Edelsteine schenkten, damit sie endlich gingen.

Und so verließen über sechshunderttausend Männer, Frauen und Kinder Ägypten. Nach über vierhundert Jahren in Gefangenschaft zogen die Israeliten wieder nach Hause.

Exodus, Kapitel 11 und 12

Die Flucht durch das Schilfmeer

Gott selbst führte die Israeliten an, als sie aus Ägypten hinaus in die Wüste zogen. Am Tag erschien er ihnen als Wolkensäule und bei Nacht als Feuersäule, damit sie ihm folgen konnten.

Die Israeliten hatten gerade das Ufer des Roten Meeres erreicht, als sie hinter sich eine riesige

Staubwolke sahen, die mit großer Geschwindigkeit auf sie zukam.

Es war die Armee der Ägypter! Gleich nachdem der Pharao den Israeliten befohlen hatte, das Land zu verlassen, bereute er seine Entscheidung auch schon wieder. Hasserfüllt ließ er sich seine beste Rüstung bringen und sechshundert Streitwagen anspannen, um hinter seinen ehemaligen Sklaven herzueilen.

Die Israeliten hatten große Angst und wandten sich an Mose: „Hast du uns aus der Gefangenschaft geführt, damit wir hier in der Wüste umkommen?", riefen sie.

„Habt keine Angst", sagte Mose zu den Israeliten. „Der Herr wird euch beschützen, ihr werdet sehen." Und Gott sprach zu Mose und sagte ihm, was er tun sollte.

Während die Armee der Ägypter immer näher kam, drängte Mose die Israeliten weiterzugehen – mitten hinein ins Schilfmeer. Die Wolkensäule wirbelte über den Pharao und seine Streitwagen hinweg und blies ihnen den Sand in die Augen, damit sie nichts mehr sehen konnte. Nun kamen die verwirrten Ägypter nur noch langsam vorwärts. Mose erreichte das schäumende Meeresufer und streckte seine Hand zum Ozean aus.

Ein heftiger Wind zog auf und fegte die Israeliten fast von ihren Füßen. Er heulte und zischte, peitschte hin und her – und teilte die Wogen des Roten Meeres. Der Wind türmte die Wellen rechts und links auf, höher und immer höher, bis sie schließlich zur Seite hin abflossen und mitten im Meer einen Weg freimachten. Dann ging Mose mutig voran und führte die Israeliten

zwischen den aufgetürmten Wasserwänden durch das Meer.

Endlich kam die Armee der Ägypter am Ufer des Schilfmeers an. Die Ägypter trauten ihren Augen nicht, als sie sahen, dass das Meer vor ihnen geteilt war. Sie stürzten zwischen den Wassermassen hindurch, während gerade die letzten Israeliten das Ufer auf der anderen Seite erreichten.

Als der Pharao und seine Streitkräfte den Israeliten immer näher kamen, streckte Mose seine Hand erneut aus. Dann erzitterten die Wassermauern, kippten und brachen über den Ägyptern zusammen. Das Rote Meer schloss sich über den Ägyptern, und die Israeliten waren nun wirklich frei.

Exodus, Kapitel 13 und 14

Die Zehn Gebote

Nachdem die Israeliten drei Monate lang durch die heiße und steinige Wüste gezogen waren, kamen sie am Fuß des heiligen Berges Sinai an. Mose verkündete, dass sie dort eine Weile ihr Lager aufschlagen würden. Er wies die Israeliten an, sich mit Gebeten vorzubereiten, weil Gott in drei Tagen zu ihnen allen sprechen würde.

Am Morgen des dritten Tages zogen dunkle Sturmwolken am Gipfel des Berges auf und verhüllten die Spitze komplett. Donner grollte, und Blitze zuckten über den Himmel. Anschließend erzitterte die Erde, und der Berg spuckte Flammen und Rauch aus, als sei er ein riesiger Feuerofen. Ein gewaltiger Hörnerschall erklang und rief die erschrockenen Israeliten dazu auf, sich am Fuß des Berges zu versammeln. Dann stieg Mose auf den rauchenden Feuerberg und verschwand in den Wolken.

Lange Zeit blieb er dort oben, während das Echo des Donners immer wieder von den Berghängen hallte. Viele Israeliten dachten, es sei die Stimme Gottes, der zu ihrem Anführer sprach. Als der Lärm schließlich abgeklungen war, kam Mose vom Berg herab und verkündete, dass Gott ihm zehn wichtige Verhaltensregeln gegeben hatte:

1. Du sollst außer mir keine anderen Götter anbeten.

2. Du sollst dir keine Statue und kein Bild machen, um sie anzubeten.

3. Du sollst meinen Namen stets respektvoll verwenden.

4. Der siebte Tag der Woche, der Sabbat, soll ein heiliger Tag der Ruhe sein.

5. Behandle deine Eltern immer respektvoll.

6. Du sollst niemanden töten.

7. Du sollst deinem Partner nicht untreu werden.

8. Du sollst nicht stehlen.

9. Du sollst nicht lügen.

10. Du sollst nicht neidisch sein auf das, was andere haben.

Mose schrieb die Zehn Gebote auf und noch viele andere Regeln. Am nächsten Tag errichtete er am Fuß des Berges einen Altar. Er ließ die Israeliten schwören, dass sie sich an diese Regeln halten würden. Dann brachte Mose Gott ein Opfer dar, zum Zeichen dafür, dass sie ihr Versprechen halten würden.

Aber Gott hatte noch weitere Lehren für die Israeliten, und so rief er Mose noch einmal hinauf auf den Berg, wo sie ungestört miteinander reden konnten. Die Israeliten sahen zu, wie ihr Anführer erneut auf den Berg hinaufstieg und in den dunklen Wolken verschwand.

Die Israeliten warteten darauf, dass Mose zurückkehrte … sie warteten und warteten und warteten … sieben Wochen lang. Aber noch immer war nichts von ihrem Anführer zu sehen.

Besorgt und verwirrt kamen sie zu dem Schluss, dass Gott sie verlassen hatte und dass Mose nicht mehr zu ihnen zurückkehren würde.

„Mach uns etwas, das wir anbeten können", baten sie Aaron. „Wir brauchen etwas, das wir sehen und berühren können." Tausende von Männern und Frauen brachten Aaron ihren Goldschmuck. Aaron schmolz das Gold ein und goss daraus eine riesige Statue eines Kalbs, denn Kälber gehörten zu den Opfertieren, die Gott dargebracht wurden. Um die Menschen bei Laune und unter Kontrolle zu halten, errichtete Aaron sogar einen riesigen Altar für das Kalb und erklärte, dass ein

Fest zu Ehren des Kalbs abgehalten werden würde.

Die Israeliten waren begeistert. Endlich hatten sie einen Gott, den sie sehen konnten. Einen, der nicht unsichtbar war und nicht durch Donnergrollen zu ihnen sprach, der ihnen keine komplizierten Listen von Dingen gab, die sie zu tun und zu lassen hatten. Sofort fingen die Israeliten an, das Kalb anzubeten, ihm Opfer darzubringen und um es herumzutanzen und zu singen.

Während sie dies taten, kam Mose schließlich wieder vom Berg herab. Er hielt zwei große Steintafeln in den Händen, auf die Gott selbst die zehn wichtigsten Gebote geschrieben hatte, damit niemand sie vergessen oder falsch verstehen würde.

Mose wusste bereits, dass die Israeliten das Goldene Kalb anbeteten, weil Gott ihm davon erzählt hatte, während er oben auf dem Berg war. Gott war wütend gewesen und Mose ebenso. Als Mose sich dem Lager näherte und das Kalb und den Tanz sah, zerschmetterte er wütend die Steintafeln am Fuß des Berges. Dann warf er das Goldene Kalb in die Opferflammen. „Aaron, was haben sie dir getan, dass du das zulassen konntest?", fragte Mose entsetzt seinen Bruder. Dann sagte er, dass jeder, der auf Gottes Seite war, sich an seine Seite stellen sollte. Nur die Leviten stellten sich

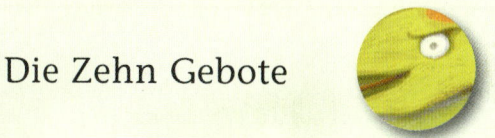

neben Mose. Auf Gottes Anweisung hin befahl er ihnen, ihre Schwerter zu nehmen und alle zu töten, die sich ihnen in den Weg stellten, als Strafe für ihre Sünden.

Mehr als dreitausend Israeliten wurden in jener Nacht getötet. Am nächsten Tag ging Mose wieder hinauf auf den Berg, um Gott um Vergebung für die Sünden seines erwählten Volkes zu bitten.

Exodus, Kapitel 19 bis 24 und 32

Josua und die Schlacht von Jericho

Die Israeliten mussten viele Jahre lang gegen die Stämme in den Gebieten kämpfen, die Kanaan umgaben. Es waren so viele, dass Mose niemals dazu kam, in das Land zu ziehen, das Gott für sein Volk auserwählt hatte. Als Mose bemerkte, dass er sterben würde, stieg er auf den Gipfel eines Berges, und Gott zeigte ihm

das Gelobte Land, das vor ihm lag. So konnte
Mose zufrieden sterben, und Josua wurde der
neue Anführer der Israeliten.

Gott sagte zu Josua, dass er mutig und stark
sein sollte. Es war an der Zeit, den Jordan zu
überqueren, der die Israeliten noch vom Gelobten
Land trennte. Und so wies Josua sein Volk an, sich
auf den Kampf vorzubereiten. In der Zwischenzeit
hatte er Kundschafter über den Fluss in die Stadt
Jericho entsandt, um herauszufinden, welche
Pläne sie schmiedeten. Die Kundschafter wären
fast entdeckt worden, weil der König von Jericho
gehört hatte, dass Feinde in die Stadt eingedrungen
waren. Er ließ Soldaten nach ihnen suchen, aber
eine Frau namens Rahab verhalf den Kundschaftern
zur Flucht. Für ihre Hilfe bat sie darum, dass
Josuas Armee ihre Familie verschonen würde,

wenn sie die Stadt überfielen, und die Kundschafter
versprachen es. Die Kundschafter berichteten Josua
von der Stadt und den starken, dicken Mauern,
von denen sie umgeben war. Josua entwarf
Schlachtpläne und betete zu Gott um Hilfe.

Dann kam der Tag, als Josua die Israeliten am
Ufer des Jordan versammelte und allen befahl,
ihm gut zuzuhören. „Sobald die Priester mit
der Bundeslade einen ersten Schritt in den Fluss
machen, wird das Wasser aufhören zu fließen",
verkündete Josua. „Solange sie im Fluss stehen
und die Lade tragen, wird das Wasser nicht
weiterfließen, und wir werden sicher auf die
andere Seite hinübergehen können."

Zum Erstaunen und zur großen Freude der
Israeliten geschah es genau so, wie ihr Anführer es
gesagt hatte. Schließlich stand Josuas Armee mit

vierzigtausend Mann auf einer Ebene im Gelobten Land.

Die Mauern der mächtigen Stadt Jericho waren dick und hoch, und die Stadttore waren vor ihnen verbarrikadiert. Aber Josua hörte auf Gott, der ihm genau sagte, was er zu tun hatte.

Sechs Tage lang sollten die Israeliten um die Mauern der Stadt marschieren. Hinter den Soldaten gingen Priester mit Widderhörnern und trugen die Bundeslade.

Beim Anblick der mächtigen und starken Armee der Israeliten wurde den Bewohnern von Jericho angst und bange. Was hatten die Israeliten nur vor? Hatte die Bundeslade wirklich Zauberkräfte? Und warum marschierten sie nur immer wieder um die Stadt herum und sagten nichts dabei? Wann würden sie angreifen?

Am siebten Tag wurde die Stille gebrochen,
und ein ohrenbetäubender Lärm war zu hören.
Josua hatte die Priester angewiesen, ihre Hörner
zu blasen, so laut sie nur konnten, während die
Armee sechs Mal um die Stadtmauern marschierte.

Als sie anfingen, die Stadt zum siebten Mal
zu umrunden, gab Josua seinen Soldaten das
Zeichen, dass sie in lautes Kriegsgeschrei
ausbrechen sollten. Durch das laute Geschrei
der Soldaten und die ohrenbetäubenden
Hörner der Priester fingen die Mauern
an zu zittern ... zu wackeln ...
und fielen dann mit lautem
Getöse auf den Boden und
stürzten ein.

Josuas Armee marschierte in die Stadt und tötete jeden Mann, jede Frau und jedes Kind, das sie fand – bis auf Rahab und ihre Familie, der sie versprochen hatten, dass sie verschont bleiben würde.

Deuteronomium, Kapitel 34; Josua, Kapitel 1 bis 6

Der starke Simson

Die Israeliten litten viele Jahre unter dem Volk der Philister. Eines Tages erschien einem israelitischen Paar ein Engel und gab ihm folgende Verheißung: „Ihr werdet einen Sohn bekommen, der für Israel gegen die Philister kämpfen wird. Erzieht ihn nach den strengen Regeln der Nazarener. Eine dieser Regeln

besagt, dass ihr ihm niemals die Haare schneiden dürft."

Das Paar war überglücklich, als es tatsächlich bald darauf einen Jungen bekam. Sie nannten ihren kleinen Sohn Simson, aber er blieb nicht lange klein. Gott sorgte dafür, dass Simson groß und stark wurde. Er war sogar so stark, dass er einmal einen Löwen, der ihn angriff, mit seinen bloßen Händen in Stücke riss!

Zum großen Kummer seiner Eltern verliebte sich

145

Simson in eine Philisterin und wollte sie unbedingt heiraten. Bei der Hochzeit gab er den Gästen der Braut ein schwieriges Rätsel auf. Drei Tage lang versuchten sie, es zu lösen, aber sie kamen nicht auf die Lösung. Am Ende drängten sie die Braut, ihnen zu helfen. Die Braut überredete Simson, ihr die Lösung zu verraten, und sagte sie heimlich weiter. Simson bemerkte, was seine Braut getan hatte. Wutentbrannt tötete er dreißig Philister und stürmte zurück nach Hause. Als er sich beruhigt hatte und zurückkehrte, um sie zur Frau zu nehmen, hatte sie bereits jemand anderen geheiratet. Simson war so zornig, dass er die Getreidefelder der Philister niederbrannte. Als die Philister den Grund dafür erfuhren, brannten sie wiederum das Haus seiner Braut nieder. Simsons Wut kannte jetzt keine Grenzen mehr, und mit

eigener Hand tötete er mehrere Philister, bevor er wieder nach Hause zurückkehrte.

Seit dieser Zeit war Simson der Feind der Philister. Sie verlangten, dass einige Israeliten aus dem Stamm Juda ihn an die Philister auslieferten, um ihn für seine Taten zur Verantwortung zu ziehen. Die Männer erklärten Simson die Lage, und Simson willigte ein, dass sie ihn fesselten und zu seinen Feinden brachten. Doch sobald er von seinen Feinden umgeben war, sprengte er die Fesseln und griff die Philister an und erschlug alle mit einem Knochen. Dann flüchtete er.

Schließlich wurde der große Mann der Anführer ganz Israels. Er herrschte zwanzig Jahre lang, aber die Philister versuchten immer wieder, seiner habhaft zu werden. Einmal warteten sie, bis Simson in der Stadt Gaza war. Sie wussten, dass

er am nächsten Morgen weiterziehen würde, und planten, ihn an den Stadttoren aus dem Hinterhalt zu überfallen. Doch als sie im Morgengrauen an die Stadttore gingen, mussten sie feststellen, dass Simson sie überlistet hatte. Er war mitten in der Nacht aufgebrochen und hatte die massiven verschlossenen Stadttore aus den Angeln gehoben und mit sich davongetragen.

Die Philister witterten eine weitere Gelegenheit, sich an Simson zu rächen, als er sich in eine Frau namens Delila verliebte. Sie gingen zu Delila und versprachen ihr fünftausendfünfhundert Silberstücke, wenn sie ihnen Simson auslieferte. Jedes Mal, wenn Simson bei Delila war, stellte sie seine Stärke auf die Probe und versuchte, ihn dazu zu überreden, dass er ihr sagte, woher seine Stärke kam. Schließlich gab Simson nach. „Meine Eltern haben Gott versprochen,

dass sie mir niemals die Haare schneiden würden",
erklärte er. „Wenn mir meine Haare abgeschnitten
werden, verliere ich Gottes Schutz, und ich werde
nicht mehr stark sein." Delilas Augen funkelten.
Endlich hatte sie sein Geheimnis herausbekommen!
Als Simson das nächste Mal zu ihr kam, schenkte sie
ihm Wein ein, und er schlief bald darauf
ein. Dann schnitt sie ihm die Haare
ab und rief die Philister. Simsons
Feinden war es aber nicht genug,
ihn in Ketten zu legen und ihm

149

das Augenlicht zu nehmen. Sie warfen ihn auch ins Gefängnis, wo er als Sklave arbeiten musste.

Ein Jahr ging ins Land, und die Philister feierten ein großes Fest zu Ehren ihres Gottes Dagon. Der Tempel war so überfüllt, dass dreitausend Menschen oben auf dem Dach waren. Die Menschen beteten, sangen Lieder, tanzten, trugen Gedichte vor, und es gab Theaterstücke. Alle freuten sich und feierten. Dann forderte das Volk, dass Simson hereingebracht werden sollte, damit sie den früheren großen Anführer der Israeliten verspotten konnten.

Als der blinde Simson unter höhnischem Gelächter, lauten Rufen und Beschimpfungen in die Mitte des Tempels gebracht wurde, dachte sich niemand etwas dabei, dass seine Haare wieder nachgewachsen waren. Und als die Menge ihn

anzischte, beschimpfte und verfluchte, hörte
niemand Simson beten: „Ich bitte dich Gott,
gib mir meine Stärke nur noch dieses eine Mal
zurück." Simson streckte seine Hände nach rechts
und nach links aus, und Gott half ihm, den kalten
Marmor von zwei tragenden Säulen des Tempels
zu ertasten. Dann stieß Simson einen mächtigen
Schrei aus. Er stemmte sich mit aller Kraft gegen
die Säulen, und unter lautem, erschrockenem
Geschrei der Menschen brachen die Säulen des
Tempels auseinander, und der Tempel stürzte ein.

Und so starb Simson, indem er Tausende seiner
Feinde mit sich in den Tod riss.

Richter, Kapitel 13 bis 16

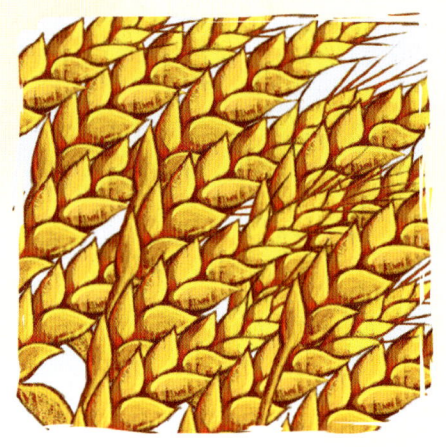

Die treue Rut

Es herrschte einmal eine schreckliche Hungersnot in Betlehem. Da sie nichts mehr zu essen hatten, zogen ein Mann namens Elimelech, seine Frau Noomi und seine zwei Söhne nach Moab, um künftig dort zu leben. In Moab starb Elimelech aber überraschend. Noomi und ihre Söhne waren sehr traurig, doch sie gaben nicht auf, wie Elimelech es sich von ihnen gewünscht hätte. Die Söhne heirateten Rut und Orpa, zwei moabitische Frauen. Aber dann starben auch die beiden Söhne. Noomi war am Boden zerstört.

„Ich gehe wieder nach Hause", sagte Noomi zu Rut und Orpa. Rut weigerte sich jedoch, die alte, einsame Witwe alleine ziehen zu lassen. „Wohin du gehst, dahin will auch ich gehen", gelobte Rut. „Dein Volk wird mein Volk sein, und dein Gott wird mein Gott sein."

Noomi lächelte Rut durch ihre Tränen hindurch an, und so reisten die beiden gemeinsam zurück nach Betlehem.

Rut und Noomi waren nun sehr arm und hatten kaum zu essen. Eines Tages zur Erntezeit, als Rut gerade auf den Getreidefeldern war und die übrig gebliebenen Ähren auflas, sah sie der Besitzer

des Feldes, ein Mann namens Boas.
Er blieb stehen und fragte sie nach ihrem Namen.
Boas sagte ihr, dass sie jederzeit auf seinen Feldern
Ähren auflesen konnte. Er sagte den Erntehelfern,
dass Rut von den Trinkkrügen Wasser nehmen
durfte, wann immer sie es wollte. Er lud Rut sogar
ein, zusammen mit seinen Erntehelfern zu essen,
und gab ihr genug, sodass sie auch noch zum
Abendessen mit nach Hause nehmen konnte. Boas
wies seine Erntehelfer sogar an, dass sie etwas
mehr Getreide auf den Boden fallen lassen sollten,
damit Rut es auflesen konnte.

So zeigte Boas Rut Tag für Tag kleine
Aufmerksamkeiten wie diese, und mit der Zeit
traute sich Noomi, Rut zu Boas zu schicken, um
ihn zu bitten, dass er sie offiziell unter seinen
Schutz stellte.

Boas und Rut heirateten, und Boas kümmerte sich sein Leben lang um die beiden Frauen.

So wurde Rut für ihre Treue und ihre Freundlichkeit Noomi gegenüber belohnt, und Noomi wurde in ihrem hohen Alter noch getröstet. Als es an der Zeit war, schenkte Gott Rut auch einen Sohn, Obed, der den beiden viel Freude bereitete. Sie hätten sich nie träumen lassen, dass Obed einmal einen Sohn namens Isai haben würde, der wiederum einen Sohn namens David haben würde, der eines Tages der größte König Israels werden würde.

Rut, Kapitel 1 bis 4

David und
der Riese

Das Volk von Israel sah, dass alle anderen Nationen Könige hatten, die über sie herrschten, und so wollte es auch einen König haben. Der große Prophet Samuel bat Gott um dessen Zustimmung. Gott sagte ihm, er solle einen Mann namens Saul aus dem Stamm Benjamin als ersten König Israels erwählen.

König Saul hatte viele Siege gegen die Feinde Israels errungen, aber er tat nicht immer, was Gott wollte. Deshalb sagte Gott auch zu Samuel, dass Sauls Sohn niemals König werden würde. Gott befahl Samuel, nach Betlehem zu reisen und dort den Hirtenjungen David zu suchen, den jüngsten Sohn eines Mannes namens Isai. Gott wollte, dass David der nächste König Israels wurde. Samuel tat, was Gott ihm aufgetragen hatte. Er gab David einen besonderen Segen, und von dieser Zeit an war Gott mit ihm.

König Sauls Armee hatte oft mit den Philistern kämpfen müssen, weil die Philister immer wieder in das Gebiet der Israeliten eindrangen. Jeder Israelit, der verfügbar war, musste sein Land verteidigen. Auch drei andere von Isais Söhnen mussten an der Landesgrenze kämpfen. Eines Tages schickte Isai

David mit Essensnachschub zu seinen Brüdern. Als David das Lager erreichte, hatte gerade ein Kampf begonnen, und die gepanzerten Soldaten zogen in die Schlacht. Plötzlich drehten sich alle um und rannten erschrocken davon.

„Was ist passiert?", rief David, als ein Soldat verängstigt an ihm vorbeirannte.

Der Mann rief ihm zu: „Schau doch!", und zeigte hinter sich.

Aus der Kampflinie der Philister war ein Krieger herausgetreten, der größer war, als David es sich je hätte vorstellen können. Er war fast doppelt so groß wie alle anderen.

„Ja, ja, lauft nur weg", brüllte der Riese.

„Mit Feiglingen wie euch muss ich nicht kämpfen. Schickt mir einen, der es mit mir aufnehmen kann. Derjenige, der gewinnt, hat auch die Schlacht für sich entschieden. Gibt es unter euch einen, der Manns genug ist, es mit mir aufzunehmen?" Er schlug mit seinem schweren Speer gegen seinen Schild, warf den Kopf in den Nacken und brüllte, während das Echo seines Gebrülls von den umliegenden Hügeln wie Donner hallte.

David war außer sich vor Wut. „Wie kann er es wagen! Er beleidigt nicht nur uns, sondern auch Gott!", rief er aus. „Ich will gegen ihn kämpfen! Draußen auf den Weiden habe ich Löwen und Bären getötet, als sie die Herden meines Vaters angegriffen haben, und genau dasselbe kann ich jetzt auch mit dieser Bestie tun! Gott hat mich

damals beschützt, und er wird mich auch jetzt beschützen."

Saul sah sich noch nach anderen Freiwilligen um, doch niemand trat aus der Menge heraus. „Also gut. Gott sei mit dir." Saul bestand darauf, dass David seine Rüstung anlegte, aber sie war viel zu groß und sperrig für ihn, sodass sich David darin überhaupt nicht bewegen konnte. Deshalb ging David dem Riesen Goliat nur mit seinem Stecken, seiner Steinschleuder und fünf flachen Steinen entgegen, die er in seinem Hirtenbeutel hatte.

König Saul und seine Armee beobachteten ihn erstaunt. Der Riese brüllte vor Lachen, als ein Kind auf ihn zukam. Der Hirtenjunge schrie zurück, dass er Goliat im Namen Gottes erschlagen würde. David blieb unerschrocken stehen, als der

Riese mit hasserfüllten Augen auf ihn zurannte
und mit seinem Speer auf ihn zielte. Dann erhob
David seine Steinschleuder und zielte einmal auf
den Riesen … Ein Stein traf Goliat an der Stirn
und ließ ihn tot zu Boden
sinken.

Die Philister drehten sich
um, flohen und ließen die
Israeliten triumphierend zurück.

1. Samuel, Kapitel 8, 9, 16 und 17

Der weise Salomo

Als Saul, der erste König Israels, starb, kam David auf den Thron, genau wie Gott es gewollt hatte. König David machte Israel zu einer großen, vereinten Nation mit Jerusalem als Hauptstadt. Er ließ die Bundeslade feierlich in die Stadt bringen und wollte einen prachtvollen Tempel bauen, in dem sie untergebracht werden sollte.

Aber Gott sagte David, dass sein Sohn, Salomo, der dritte König von Israel, den Tempel bauen sollte.

Salomo war Anfang zwanzig, als er auf den Thron kam. Er war entschlossen, das gute Werk seines Vaters fortzuführen, die Nation zu stärken und Frieden mit Israels Feinden zu halten, aber er wusste nicht, wie er das tun sollte. Er hatte nicht viel Erfahrung, und ihm fehlte das Selbstvertrauen, das er brauchte, um ein guter König zu sein.

Eines Nachts erschien Gott Salomo in einem Traum und fragte ihn, wie er ihm helfen konnte.

„Bitte, Gott, gib mir die Gabe der Weisheit", bat der König.

Gott freute sich über Salomos Wunsch. Salomo hätte um Gold, ein langes Leben oder Macht über seine Feinde bitten können oder auch um eine ganze Reihe anderer Dinge, die nur ihm gedient hätten. Der Wunsch nach Weisheit, um ein guter König zu sein, war ein Wunsch, den Gott gerne erfüllte.

Nicht lange darauf wurden zwei Frauen zu Salomo gebracht, die heftig miteinander stritten. Die Frauen lebten im selben Haus, und beide hatten kurz vorher ein Kind zur Welt gebracht. Das Kind einer der Frauen war jedoch gestorben, und nun behaupteten beide Frauen, dass das Kind, das noch am Leben war, ihres war.

„Ihr Kind ist gestorben", sagte die erste Frau zu Salomo. „Glaubst du, dass ich mein eigenes Kind nicht kenne?"

„Nein, ihr Kind ist gestorben", antwortete die zweite Frau. „Und dann hat sie mir meines weggenommen."

Salomo gab den beiden ein Zeichen, dass sie still sein sollten. Nach ein paar Minuten verkündete er: „Bringt mir mein Schwert!" Als die Waffe geholt worden war, fuhr er fort: „Teilt das Kind in zwei Hälften, und gebt jeder Frau eine Hälfte!"

„Genau", sagte eine der Frauen. „Keine von uns soll das Kind haben."

Die andere brach in Tränen aus. „Herr, bitte! Lieber soll sie das Kind nehmen, als dass ihm wehgetan wird!"

Damit wusste Salomo, wer tatsächlich die Mutter des Kindes war. Und allen Menschen in Israel war klar, dass solche Weisheit nur von Gott kommen konnte.

2. Samuel, Kapitel 5 bis 7; 1. Könige, Kapitel 1 und 3

Der prächtige Salomo

Israel blühte unter König Salomo auf. Er hielt Frieden im Land, und Händler konnten auf den Handelswegen sicher reisen. Salomo war ein kluger und guter Herrscher und verblüffte jeden mit seiner unglaublichen Weisheit. Eines Tages machte sich der König daran, den Traum seines Vaters von einem prachtvollen Tempel umzusetzen,

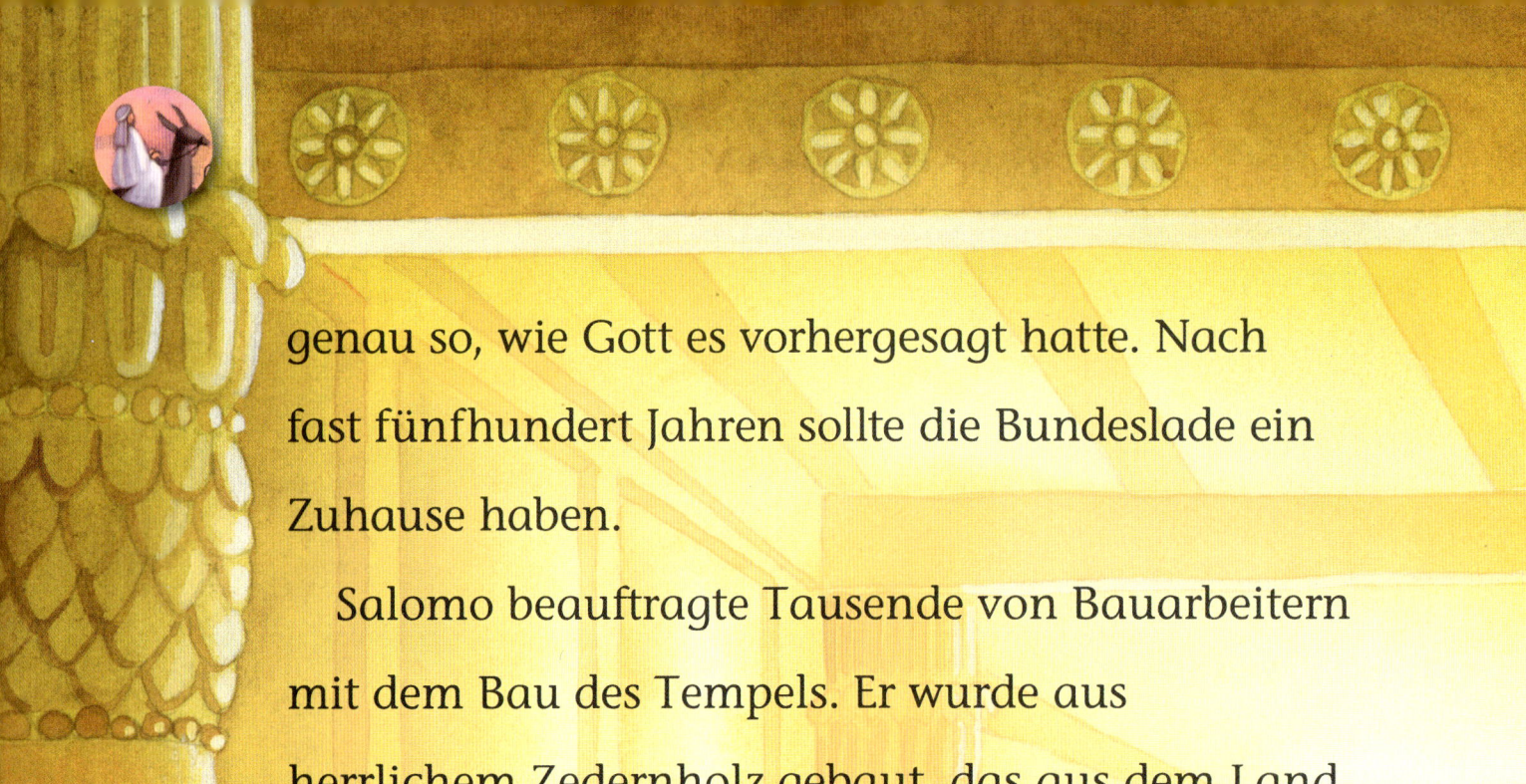

genau so, wie Gott es vorhergesagt hatte. Nach fast fünfhundert Jahren sollte die Bundeslade ein Zuhause haben.

Salomo beauftragte Tausende von Bauarbeitern mit dem Bau des Tempels. Er wurde aus herrlichem Zedernholz gebaut, das aus dem Land des Königs Hiram von Tyrus im Libanon kam, der mit Salomo befreundet war. Salomo scheute keine Kosten und Mühen. Nur die besten Baustoffe und die neuesten Techniken sollten verwendet werden. Es gingen Jahre ins Land, bis die Steinmetze die massiven Steinsäulen gemeißelt hatten, die riesigen Tore und Holzvertäfelungen mit Engeln und Blumenranken und Blüten geschnitzt waren, prachtvolle Vorhänge gewebt und gefärbt und alle Räume mit Gold überzogen waren, das wiederum mit wertvollen Edelsteinen verziert wurde.

Schließlich kam der Tag, an dem Salomo die Anweisung gab, dass der Tempel mit Schätzen angefüllt werden und die Bundeslade in ihr neues Haus einziehen sollte. Die Prozession war so aufwendig und feierlich, wie es noch nie jemand zuvor gesehen hatte. Als die Priester den Tempel verließen, wurde das Gebäude plötzlich von einem gleißenden Licht erfüllt, das so hell war, dass niemand hineinsehen konnte. Der König stand vor dem Altar vor seinem Volk und dankte Gott und betete, dass Gott immer bei seinem Volk Israel sein würde. Dann begann die Festwoche.

Salomos Baupläne hörten aber nicht mit dem Tempel auf. Er errichtete einen großartigen Palast und herrliche Gebäude in Jerusalem und Kanaan. Herrscher von weit entfernten Ländern reisten zu ihm, um seine prachtvollen Gebäude mit eigenen Augen zu sehen. Selbst die Königin von Saba unternahm die Reise von fünfzehnhundert Meilen durch die Wüste mit einer Kamelkarawane, die mit Gewürzen, Edelsteinen und Gold beladen war. Die Königin war erstaunt – nicht nur über Salomos unglaubliche Baukunst, sondern auch über die Weisheit, mit der er sein Land führte. Sie sagte: „Gepriesen sei dein Gott. Er muss großen Gefallen an dem finden, was du ihm zu Ehren errichtet hast."

1. Könige, Kapitel 4 bis 8 und 10

Jona und
der Wal

Eines Tages sagte Gott zu einem Mann namens Jona: „Geh nach Assyrien, in die Hauptstadt Ninive. Erzähle den bösen Menschen dort von mir, und sorge dafür, dass sie nicht mehr sündigen."

Jona machte sich nicht viel aus diesem Volk, und ihm lag wenig daran, ob es von Gott hörte oder nicht. Außerdem klang es für ihn nicht sehr

verlockend, in die Hauptstadt einer mächtigen, streitkräftigen Nation zu gehen und den Menschen dort zu sagen, dass sie sich falsch verhielten. Also bestieg Jona ein Schiff, das nicht nach Ninive, sondern in Richtung Spanien fuhr.

Sobald das Schiff auf dem Meer war, schickte Gott einen mächtigen Sturm. Die Seeleute bekamen Angst und fingen an zu beten, dass sie gerettet wurden. Der Regen peitschte das Boot, und es wogte in Wind und Wellen hin und her. Als sich der Sturm nicht legte, vermuteten die Seeleute, dass etwas an Bord verflucht sein musste. Sie warfen Lose, um

herauszufinden, wer schuld an dem Unwetter war.

Das Los fiel auf Jona.

Beschämt gestand Jona, dass er
Gott ungehorsam gewesen war, als er das Boot
bestiegen hatte. „Ihr müsst mich über Bord
werfen, nur dann wird sich der Sturm legen."

Die Seeleute waren entsetzt und versuchten,
so nahe wie möglich ans Ufer zu rudern.

Aber als der Sturm noch schlimmer
wurde, beschlossen sie, dass ihnen nur
eine Wahl blieb – und sie warfen Jona ins
Wasser.

Sobald er im Wasser war, legte sich der Wind,
es hörte auf zu regnen, die Wellen ebbten ab,
und das Schiff glitt wieder durch ruhiges Wasser.
Gott rettete auch Jona. Er ließ ihn nicht ertrinken,
sondern schickte ihm einen großen Wal, der ihn

verschlang. Drei Tage lang blieb Jona im dunklen und stinkenden Bauch des Wals und betete zu Gott, dass er ihm noch eine Chance gab. Wie erleichtert war Jona, als ihn der Wal tatsächlich an einer Küste ausspuckte!

„Geh nach Ninive", sagte Gott erneut zu ihm, „und überbringe dem Volk meine Botschaft. Wenn die Menschen dort ihr Verhalten nicht ändern, werde ich die Stadt nach vierzig Tagen zerstören."

Dieses Mal tat Jona, was ihm gesagt worden war. Zu seinem großen Erstaunen hörten ihm die Assyrer zu. Der König von Ninive glaubte, dass Gott es mit seiner Drohung ernst meinte, und wies sein Volk an, sein Verhalten zu ändern. Bald nahm die Zahl der Verbrechen ab. Die Menschen waren höflicher und freundlicher zueinander. Sie baten um Vergebung, fasteten und fingen an,

Gott anzubeten. Am Ende der vierzig Tage verschonte Gott die Stadt und das Volk.

Jona ging zornig davon. „Ich wusste, dass das passieren würde!", beschwerte er sich bei Gott und setzte sich auf den Boden. „Ich bin von so weit her gekommen – ich wäre fast ertrunken, von einem Wal gefressen worden und bin meilenweit zu diesem feindseligen Volk gegangen –, und das alles für nichts und wieder nichts. Nicht einen einzigen Menschen hast du bestraft und kein einziges Gebäude hast du zerstört."

Gott beschloss, dem wütenden Jona eine Lektion zu erteilen. Er ließ direkt neben Jona rasch einen Baum wachsen, damit er Jona am Tag Schatten spenden konnte. Doch schon am nächsten Tag schickte Gott einen Wurm, der den Baum annagen sollte, sodass er verkümmerte und einging und

Jona wieder in der gleißenden Sonne saß. Auch einen heißen Wind schickte Gott zu Jona. „Wenn nur mein armer Baum nicht eingegangen wäre!", stöhnte Jona.

„Wenn dir schon ein Baum leidtut", sagte Gott, „ein Baum, den du weder gepflanzt noch gehegt und gepflegt hast – was meinst du wohl, wie leid es mir getan hätte, wenn die Menschen von Ninive verloren gegangen wären? Einhundertzwanzigtausend Menschen leben dort, ganz zu schweigen von den Tieren."

Und so verstand Jona schließlich, dass Gott sich um alle Menschen sorgte, nicht nur um die Israeliten – und auch um seine Tiere. Sie alle waren Gottes Geschöpfe.

Jona

Daniel in der Löwengrube

Der Israelit Daniel war so ein begabter Beamter, dass Darius, der König der Meder und Perser, ihm sein ganzes Reich anvertraute. Die anderen Beamten waren auf Daniel eifersüchtig, und so schlugen sie Darius vor zu befehlen, dass dreißig Tage lang nur er angebetet werden durfte. Wer sich seiner Anordnung widersetzte, sollte in

einer Grube hungrigen Löwen vorgeworfen werden. Der König ließ den Befehl öffentlich verkünden.

Daniel war aber ein guter und frommer Mann. Er betete auch weiterhin dreimal täglich zu Gott, und jeder, der an seinem Haus vorbeikam, konnte ihn hinter einem Fenster beten sehen.

Es dauerte nicht lange, bis ihn seine Feinde bei Darius meldeten. Darius war am Boden zerstört, aber er konnte seine Anweisung nicht zurücknehmen. Deshalb ordnete er an, Daniel in die Löwengrube zu werfen. „Möge dein Gott dich behüten", sagte der König. Auf die Grube wurde ein riesiger Stein gewälzt, damit Daniel nicht flüchten konnte.

Die ganze Nacht lang konnte Darius nicht schlafen und machte sich schlimme Vorwürfe, weil er Daniel in die Löwengrube hatte werfen lassen.

Sofort bei Morgengrauen lief er zur Grube und rief: „Daniel, war Gott bei dir? Lebst du noch?" Zu Darius' großer Erleichterung antwortete Daniel aus der Grube: „Ja, Herr. Gott hat einen Engel gesandt, damit er mich behütet. Die Löwen haben mir nichts getan."

Da ließ der König Daniel frei, und all diejenigen, die ihn beim König angeklagt hatten, wurden nun selbst zu den Löwen in die Grube geworfen.

Daniel, Kapitel 6

Die mutige Königin Ester

Der Großkönig Artaxerxes war ein mächtiger persischer König, dessen Reich sich von Indien bis nach Äthiopien erstreckte. Eines Tages war er so verärgert über seine Frau Waschti, dass er beschloss und öffentlich verkünden ließ, dass sie nicht länger seine Frau sein sollte. Aus allen Provinzen seines Reiches ließ er schöne junge

Frauen in den Palast bringen, damit er sich eine andere auswählen konnte.

Einer der Männer, die am Hof des Königs arbeiteten, war ein alter Jude namens Mordechai. Er ließ nicht locker, bis seine Adoptivtochter Ester zum Palast ging und sich dem König vorstellte. Mordechai wies sie an, niemandem zu verraten, dass sie seine Tochter oder Jüdin war, denn viele mochten die Israeliten nicht, die nach Persien in die Gefangenschaft verschleppt worden waren.

Ester tat, wie ihr geheißen war, und ging in den Palast. Ein Jahr lang wurde sie in der Schönheitspflege unterwiesen, ihr wurde gezeigt, wie sie sich die Haare zurechtmachen konnte und wie man sich als Königin verhielt. Als schließlich alle Kandidatinnen dem König vorgestellt wurden, wählte Artaxerxes Ester zu seiner neuen Königin.

Bald fand er heraus, dass sie nicht nur schön war, und so schloss er sie immer mehr in sein Herz. Eines Tages erzählte sie dem König, wie Mordechai mit angehört hatte, dass zwei seiner Diener vorhatten, ihn zu ermorden. Artaxerxes glaubte Ester aufs Wort. Er ließ die beiden Männer verhaften und hängen und den Vorfall in seiner Chronik festhalten. So hatten Mordechai und Ester dem König das Leben gerettet.

Einige Zeit später setzte der Großkönig Artaxerxes den Fürsten Haman über alle anderen Fürsten und ordnete an, dass seine Untergebenen vor ihm niederfallen und ihm huldigen sollten. Mordechai jedoch weigerte sich, dies zu tun. „Ich verbeuge mich nur vor Gott", sagte der alte Mann beharrlich. Mordechais Ungehorsam machte Haman sehr zornig, und so beschloss er, sich

dafür zu rächen. Aber nicht nur an Mordechai, sondern am gesamten jüdischen Volk. Er erzählte dem König, dass die Juden ungehorsam waren und nur für Ärger sorgten und dass es seinem Königreich besser ergehen würde, wenn er alle Juden zum Tode verurteilte. „Tu, was du für richtig hältst", sagte Artaxerxes zu seinem Fürsten und gab Haman sein königliches Siegel, damit er den Hinrichtungsbefehl unterzeichnen konnte.

Als Mordechai davon erfuhr, war er entsetzt und bat Ester, Artaxerxes um Gnade zu bitten. Sie zog ihr schönstes Kleid an und ging ungebeten zum König. Allein dafür hätte sie dem Gesetz nach mit dem Tode bestraft werden können. Zum Glück freute sich der König, sie zu sehen, und sagte ihr, sie könne alles haben, worum sie ihn bitten würde. „Ich wünsche mir, dass du und Haman morgen

Abend meine Gäste seid", sagte Ester, und der König willigte ein.

Ester bereitete den beiden Männern einen herrlichen Abend, mit köstlichem Essen und angeregter Unterhaltung in einer schönen Umgebung. Nachdem sie die Gunst ihres Mannes und des Fürsten gewonnen hatte, lud sie die beiden auch für den folgenden Abend zum Essen ein. Sie hoffte, dass sie die beiden dann um Vergebung für die Juden bitten könnte. Sie wusste allerdings nicht, dass wenig später an diesem Abend Haman angeordnet hatte, einen Galgen im Palast aufzustellen. Dort wollten sie den Mann hängen, der ihm so verhasst war – Mordechai, ihren Vater.

Ungefähr zur selben Zeit ließ sich Artaxerxes aus seiner Chronik, dem Buch der Denkwürdigkeiten, vorlesen. Der Vorleser las zufällig den Eintrag

vor, der davon handelte, wie Mordechai geholfen hatte, den Mordanschlag gegen König Artaxerxes zu vereiteln, und der König erinnerte sich daran, dass er sich dem Mann gegenüber nie erkenntlich gezeigt hatte.

Genau in diesem Augenblick kam ein Diener herein, der ihm sagte, dass Haman ihn sehen wollte. Er war gekommen, um die Erlaubnis des Königs einzuholen, Mordechai hinrichten zu lassen.

„Haman, was meinst du, wie würdest du einen Mann belohnen, dem du eine besondere Ehre erweisen möchtest?", fragte der König, als sein oberster Fürst hereingeführt wurde.

Haman versuchte, sein selbstgefälliges Grinsen zu verbergen. Er dachte, dass er der Mann war, den der König belohnen wollte. „Ein solcher Mensch sollte ein königliches Gewand tragen. Ich würde

ihn auf einem deiner Pferde wie einen Helden durch die Straßen der Stadt führen", seufzte Haman.

„Das ist ein sehr guter Vorschlag", rief Artaxerxes begeistert aus. „Dann machst du genau das morgen früh für den Juden Mordechai."

Haman war außer sich vor Wut, aber er hatte keine andere Wahl, als zu tun, was der König ihm aufgetragen hatte. Als die beiden bei Ester an jenem Abend zum Essen ankamen, war Hamans Gesicht so mürrisch und hässlich, wie Esters Gesicht schön war.

Dieses Mal bat die Königin Artaxerxes um Gnade. Sie gestand, dass sie eine Jüdin war und dass der Befehl erlassen worden sei, alle Juden zu töten.

„Wer wagt es, so etwas Schreckliches anzuordnen?", fragte der König entrüstet.

„Der Mann, der neben dir sitzt", sagte Ester leise.

„Haman."

Artaxerxes war so wütend, dass es ihm die Sprache verschlug, und er ging hinaus in den Garten des Palastes. Als er zurückkam, lag der oberste Fürst Ester zu Füßen

188

und packte sie an ihrem Rocksaum. Haman bat um Gnade, aber es sah so aus, als würde er die Frau des Königs angreifen. Die Lage wurde noch verschlimmert, als ein Hofbeamter dem König erzählte, dass Haman einen Galgen hatte errichten lassen, um Mordechai hängen zu lassen, jenen Mann, der geholfen hatte, Artaxerxes' Leben zu retten.

Kurzerhand befahl der König, Haman an seinem eigenen Galgen hinzurichten. Dann ließ er Schreiben im ganzen Reich versenden, in denen er anordnete, dass die Juden respektiert werden sollten, und die es ihnen erlaubten, sich wenn nötig zu verteidigen.

Und so rettete die mutige und schöne Ester ihr Volk, die Juden, vor dem sicheren Tod.

Ester, Kapitel 1 bis 8

Das Neue Testament

Der Engel Gabriel

In Galiläa lebten einmal ein alter Priester namens Zacharias und seine Frau Elisabet. Beide waren gute Juden und bemühten sich immer, sich an Gottes Gebote und Vorschriften zu halten. Sie waren jedoch traurig, weil sie keine Kinder hatten.

Eines Tages wurde Zacharias eine besondere Ehre zuteil. Er durfte in den herrlichen Tempel von

Jerusalem gehen und Gott an dem heiligen Altar ein Opfer darbringen. Er tat es und war gerade tief ins Gebet versunken, als ihm plötzlich ein Engel erschien. Zacharias erschrak.

„Hab keine Angst", sagte der Engel. „Ich habe gute Neuigkeiten für dich. Gott wird eure Gebete erhören. So lange schon wünscht ihr euch ein Kind. Gott wird euch einen Sohn schenken, und ihr sollt ihn Johannes nennen. Euer Sohn wird ein sehr heiliger Mann sein, und er wird große Dinge für den Herrn tun."

Zacharias war verblüfft. War das wirklich ein Engel, den er dort sah und der mit ihm redete? Und selbst wenn es ein Engel war – Elisabet war doch schon viel zu alt, um überhaupt noch Kinder zu bekommen. „Bist du sicher?", fragte Zacharias ungläubig. „Wie kann das sein?"

„Ich bin Gabriel,
ein Bote Gottes!",
sagte der Engel
beharrlich.
„Und weil du
mir nicht
geglaubt hast, sollst
du stumm sein, bis sich
alles bewahrheitet hat!" Und
der Engel verschwand genauso
plötzlich, wie er ihm erschienen war.

Elisabet war vollkommen überrascht,
als Zacharias nach Hause kam und nicht mehr
sprechen konnte. Mit Händen und Füßen erklärte
er ihr, was geschehen war. Elisabet konnte es
kaum glauben, als die Vorhersage kurze Zeit
später tatsächlich wahr wurde und sie feststellte,

dass sie schwanger war. Sechs Monate später stand dann auch noch ihre jüngere Cousine Maria plötzlich vor ihr. Elisabet wusste sofort, dass Maria auch schwanger war – und dass ihr Kind etwas ganz Besonderes sein würde.

Seltsamerweise wusste auch Maria genau, dass Elisabets Sohn ebenfalls ein besonderes Kind sein würde. Aufgeregt und glücklich erzählte sie ihrer Cousine alles: Maria war gerade wie üblich bei der Arbeit gewesen, als ihr plötzlich der Engel Gabriel in ihrem kleinen Haus in der Stadt Nazaret erschienen war. Er hatte ihr gesagt, dass Elisabet ein Kind bekommen würde. Aber das war nicht alles gewesen. Gabriel hatte ihr auch erzählt, dass sie in Gottes Augen etwas ganz Besonderes war und dass Gott sie deshalb zur Mutter seines Sohnes auserwählt hatte. Maria würde einen kleinen Sohn zur Welt bringen, und sie sollte ihn Jesus nennen. „Er wird über das Volk des Herrn herrschen und sein Königreich wird kein Ende haben", hatte der Engel zu Maria gesagt.

Einige Tage später war Maria zu Elisabet gegangen, um ihre Freude mit ihrer Cousine zu teilen. Sie blieb, so lange sie konnte, um Elisabet während ihrer Schwangerschaft zu helfen. Aber noch bevor Elisabets Kind geboren wurde, musste Maria nach Hause zurück, um sich auf die Geburt ihres eigenen Sohnes vorzubereiten.

Lukas, Kapitel 1

Sein Name ist Johannes

Wie der Engel Gabriel es vorhergesagt hatte, brachte Elisabet einen Sohn zur Welt. Als ihre Nachbarn und Verwandten kamen, um den Neugeborenen zu sehen, konnten alle nur darüber staunen, was für ein großes Wunder es doch war, dass Elisabet in ihrem hohen Alter noch ein Kind bekommen hatte.

Als das Kind eine Woche alt war, feierte die Familie ein Fest, um ihren Sohn Gott zu weihen und ihm offiziell einen Namen zu geben. Alle nahmen an, dass das Paar ihn Zacharias nennen würde, weil die Tradition besagte, dass der erstgeborene Sohn nach dem Vater benannt wurde. Die Gäste waren verblüfft, als Elisabet verkündete, dass der Junge Johannes heißen sollte.

„Johannes!", riefen Elisabets Verwandte aus. „In unserer Familie heißt niemand Johannes. Wie in aller Welt seid ihr nur auf diesen Namen gekommen?" Dann wandten sie sich an Zacharias und sagten: „Zacharias, du willst doch bestimmt, dass der Junge deinen Namen trägt! Sag Elisabeth das."

Aber Zacharias brachte kein Wort heraus. Mit Händen und Füßen bedeutete er, dass man ihm

etwas zum Schreiben geben sollte. Schließlich brachte man ihm eine Schreibtafel. Zacharias schrieb in großen, dicken Buchstaben etwas auf die Tafel und hielt sie hoch, sodass alle sie sehen konnten. Darauf stand: *Sein Name ist Johannes.*

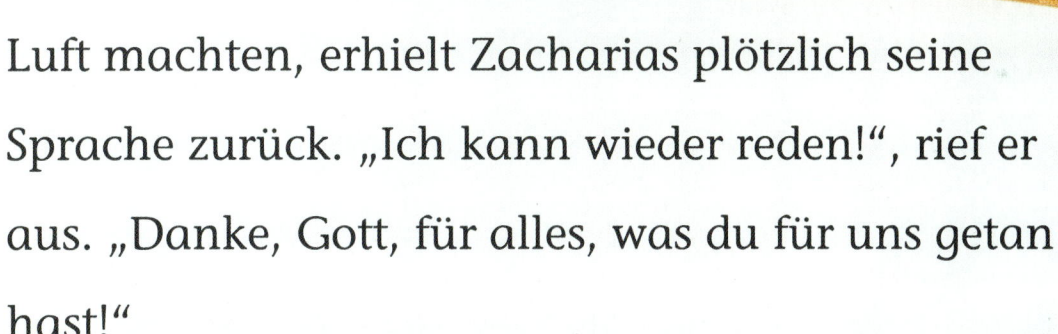

Die Gäste knurrten mürrisch vor sich hin, aber während sie noch ihrem Groll Luft machten, erhielt Zacharias plötzlich seine Sprache zurück. „Ich kann wieder reden!", rief er aus. „Danke, Gott, für alles, was du für uns getan hast!"

Bald verbreitete sich die Nachricht von dem, was sich bei der Feier ereignet hatte, in nah und fern.

Lukas, Kapitel 1

Die Geburt
Jesu

Maria war mit einem jungen Mann namens Josef verlobt. Als sie ihm erzählte, dass sie ein Kind erwartete, war er sehr aufgebracht. Das Kind konnte nicht von ihm sein, weil sie noch nicht verheiratet waren.

Zur damaligen Zeit war es eine große Schande, wenn eine unverheiratete Frau ein Kind bekam.

Doch Josef hatte einen Traum, in dem ein Engel zu ihm sagte: „Hab keine Angst, Maria zur Frau zu nehmen. Ihr Kind ist Gottes Sohn. Vor langer Zeit schon haben die Propheten vorausgesagt, dass er kommen und alle von ihren Sünden erlösen würde. Erziehe ihn als deinen eigenen Sohn. Gott möchte, dass du ihn Jesus nennst."

Danach ging es Josef wesentlich besser. Er wusste, dass es eine Ehre war, den kleinen Jungen als seinen eigenen aufzuziehen, und so heirateten er und Maria kurze Zeit später.

Zu der Zeit, als das Kind zur Welt kommen sollte, hatte allerdings Kaiser Augustus angewiesen, dass alle Menschen des Landes gezählt werden sollten. Jeder musste mit seiner Familie in die Stadt ziehen, in der er geboren war, und sich dort in ein Steuerregister eintragen lassen.

Josef war im Süden des Landes, in der Stadt Betlehem in Judäa geboren, was ziemlich weit entfernt von dem Dorf Nazaret war. Maria war hochschwanger, und die Reise würde sehr beschwerlich für sie sein.

Dem Paar blieb aber keine andere Wahl, und so packten sie alles, was sie brauchten, und machten sich auf den Weg. Maria konnte unmöglich den ganzen Weg laufen, deshalb ritt sie auf einem Esel. Die Geburt stand kurz bevor, und die Reise war anstrengend und ermüdend für Maria.

Als das Paar endlich in Betlehem ankam, waren beide erschöpft, hungrig und voller Staub. Josef begann, eine

Herberge für sie zu suchen. Er zog mit dem Esel und Maria von einer Herberge zur nächsten, aber alle waren belegt. Die Stadt war voller Reisender, die wegen der Volkszählung des Kaisers nach Betlehem gekommen waren.

Als sie von einer Herberge nach der anderen abgewiesen wurden, spürte Maria, dass das Kind bald auf die Welt kommen würde. Eilig klopfte Josef an die Tür der nächsten Herberge. Nach ein paar Augenblicken öffnete der Wirt die Tür, und noch bevor Josef fragen konnte, sagte der Wirt: „Du musst gar nicht fragen, wir sind voll."

„Warte, bitte hilf uns!", rief Josef und hinderte den Wirt daran, die Tür zuzuschlagen. „Meine Frau bekommt jeden Augenblick unser Kind. Sie kann das Kind doch nicht hier draußen auf

der Straße zur Welt bringen. Hast du nicht eine Ecke irgendwo in deiner Herberge, wo du uns unterbringen könntest?"

„Na ja …", sagte der Wirt und blickte zu Maria hinüber, die mit schmerzverzerrtem Gesicht auf dem Esel saß. „Zimmer habe ich keines mehr frei, aber wenn euch die Tiere nichts ausmachen, könnt ihr euer Lager in meinem Stall aufschlagen."

„Vielen Dank, hab vielen Dank dafür", sagte Josef.

Er schüttelte dem Mann dankbar die Hand, und der Wirt zeigte ihnen den Weg in den Stall.

Und genau dort, neben Eseln, Ochsen und Schafen, gebar Maria ihren Sohn, der zum Retter der Welt werden sollte. Sie wickelte ihn in Windeln und legte ihn vorsichtig in eine Krippe voller Stroh.

Der kleine Jesus lag warm und sicher in der Krippe, und seine Mutter und sein Ziehvater waren bei ihm.

Matthäus, Kapitel 1; Lukas, Kapitel 2

Der Besuch
der Hirten

In der Nacht, in der Jesus geboren wurde, waren viele Menschen in Betlehem. Auf dem umliegenden Land war es dagegen ruhig und still. Nur ein paar Hirten hüteten ihre Herden. Die Hirten hielten abwechselnd Wache und kümmerten sich darum, dass die Schafe nicht davonliefen oder von hungrigen Wölfen gefressen wurden.

Plötzlich wurde der klare Sternenhimmel über den Hirten erleuchtet. Es wurde sogar so hell, dass die Hirten nicht mehr in das Licht blicken konnten. Als plötzlich ein Engel über ihnen erschien, hielten sie sich verängstigt und erschrocken die Hände vor die Augen.

„Habt keine Angst", rief der Engel mit glockenklarer Stimme durch die Nacht. „Ich bringe euch großartige Neuigkeiten – großartige Neuigkeiten für alle Menschen. Heute Nacht ist ein Kind geboren, das alle Menschen retten wird. Ihr findet es in einem Stall in Betlehem in einer Krippe."

Plötzlich erschienen Hunderttausende von Engeln am Himmel und stimmten einen so

lieblichen Gesang an, wie ihn die Hirten in ihrem ganzen Leben noch nie gehört hatten.

„Ehre sei Gott", sangen sie, „und Friede allen Menschen auf der Erde."

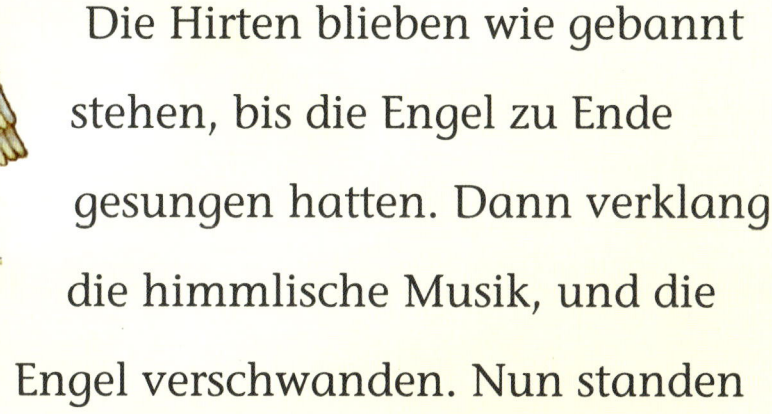

Die Hirten blieben wie gebannt stehen, bis die Engel zu Ende gesungen hatten. Dann verklang die himmlische Musik, und die Engel verschwanden. Nun standen die Hirten wieder in der Dunkelheit.

Konnte das wirklich wahr sein?, fragten sich die Hirten. In den alten Schriften hatten die Propheten schon seit Hunderten von Jahren vorhergesagt, dass ein Mann kommen würde, der sie alle von ihren Sünden befreien würde. Sie nannten ihn

den Messias. Vielleicht war er nun tatsächlich zu ihnen gekommen.

Die Hirten eilten schnell nach Betlehem, um es selbst mit eigenen Augen zu sehen.

Sie durchkämmten die Straßen, bis sie die Schreie eines neugeborenen Kindes aus einem Stall hinter einer Herberge hörten. Als sie in den Stall gingen, fanden sie Maria und Josef mit dem Kind in der Krippe. Aufgeregt erzählten sie dem verblüfften Paar alles, was sie gesehen und gehört hatten. Maria hörte sich alles ruhig an und bewahrte es in ihrem Herzen.

Die Hirten blieben eine Weile in dem Stall bei Maria und Josef und bewunderten den Jungen, von dem ihnen gesagt worden war, dass er der Messias sei. Doch dann mussten sie wieder zurück zu ihren Herden.

Auf dem Rückweg staunten sie noch immer über den Chor der Engel und darüber, dass das, was die Engel gesagt hatten, tatsächlich gestimmt hatte. Sie erzählten jedem, den sie trafen, was sie gesehen und gehört hatten, priesen Gott und dankten ihm.

Lukas, Kapitel 2

Simeon
und Hanna

Als Jesus eine Woche alt war, hielten Maria und Josef die übliche Feier ab, um ihren Sohn Gott zu weihen und ihm einen Namen zu geben. Außerdem reisten sie von Betlehem nach Jerusalem. Es war damals üblich für jüdische Familien, ihren erstgeborenen Sohn in den Tempel zu bringen, um Gott zu danken und ihm ein

Paar Turteltauben oder zwei junge Tauben zu
opfern.

In Jerusalem lebte ein alter Mann namens
Simeon. Er war ein gerechter und frommer Mann.
Gott hatte Simeon versprochen, dass er ihn eines
Tages für seine treuen Dienste belohnen würde.
Er hatte ihm gesagt, dass er nicht sterben würde,
bevor er den Messias gesehen hatte, den Retter der
Welt. Schon seit Jahren hatte sich Simeon danach
gesehnt, dass dieser Tag kommen würde.

An dem Morgen, als Maria und Josef Jesus in
den Tempel brachten, war Simeon bereits dort.
Gottes Heiliger Geist hatte zu ihm gesprochen und
ihm gesagt, dass der Tag gekommen war. Simeon
war daraufhin in den Tempel geeilt. Sobald der
alte Mann das kleine Kind sah, wusste er, dass
Jesus der Retter war.

„Ich danke dir, Gott", rief er aus und nahm das kleine Bündel in seine Arme. „Jetzt kann ich in Frieden sterben, weil ich den Erretter gesehen habe, der Israel Ehre bringen und das Wort Gottes allen auf der Erde verkünden wird." Maria und Josef waren sehr erstaunt. „Euer Kind ist ein Zeichen Gottes", fuhr Simeon fort, „aber viele Menschen werden nicht glauben, was er sagt, und werden sich gegen ihn wenden." Simeon sah voller Mitleid zu Maria hinüber. „Deshalb wird großes Leid dein Herz eines Tages wie ein Schwert durchbohren."

In diesem Moment kam eine alte Frau zu ihnen herübergeschlurft, die jeden Tag im Tempel war. Sie hieß Hanna und war eine Prophetin.

„Kann ich meinen Erretter sehen?", fragte sie. Mittlerweile hatte sich eine ganze Anzahl von Menschen um sie geschart, um zu sehen, was dort vor sich ging. Als Maria und Josef ihr Jesus zeigten, erzählte sie jedem, dass er der Sohn Gottes und die Hoffnung der Welt war.

Als Maria und Josef schließlich an jenem Tag aus dem Tempel gingen, waren sie überwältigt von den unglaublichen Ereignissen.

Lukas, Kapitel 2

Folgt
dem Stern

Weit entfernt in einem Land im Osten lebten einige weise Männer, die Sterndeuter waren. Jede Nacht blickten sie zum Himmel empor, studierten die Sterne und versuchten herauszufinden, was ihre Bewegungen am Himmel für die Menschen auf der Erde bedeuteten. Eines Nachts waren sie ganz erstaunt, als sie einen neuen

Stern am Himmel sahen, der viel größer und heller war als alle anderen. Rasch schlugen sie in ihren alten Büchern nach, um herauszufinden, was das bedeuten könnte. Die weisen Männer waren verwundert über das, was sie herausfanden, aber sie zweifelten nicht daran, dass eine große jüdische Prophezeiung wahr geworden war. Der Stern war ein Zeichen dafür, dass ein Kind geboren worden war, das der König von Gottes auserwähltem Volk werden würde. Die weisen Männer beschlossen, sich sofort auf den Weg zu machen, um das Kind zu finden. Sie packten ihre Kamele voller Vorräte und brachen auf in die Wüste. Dann folgten sie dem Stern, der jede Nacht am Himmel erstrahlte. So kamen sie in die Stadt Jerusalem.

Bald erfuhr auch König Herodes von Judäa, dass Fremde aus dem Osten in Jerusalem angekommen waren. Diese Fremden suchten nach einem neugeborenen Kind, das sie den „König der Juden" nannten. Natürlich gefiel Herodes das überhaupt nicht. Immerhin war *er* zum König der Juden gekrönt worden, und er wollte auch in Zukunft König bleiben. Die Gerüchte, die besagten, dass sich mit dem Kind eine der ältesten Prophezeiungen erfüllte, wollte er im Keim ersticken. Sie würden nur für Unruhe im Volk sorgen, und das Volk könnte sich gegen Herodes auflehnen.

Zunächst berief er ein Treffen mit den jüdischen Hohepriestern und Schriftgelehrten ein, um mehr zu erfahren. „Wo soll laut euren alten Büchern der Messias geboren werden?", fragte er wie beiläufig.

„In Betlehem", antworteten die frommen Männer.

Dann rief König Herodes seine Wachen und wies sie an, die Sterndeuter zu suchen und zu ihm zu bringen. „Aber macht es unauffällig", wies er sie an. „Ich will nicht, dass die Menschen den Eindruck bekommen, dass diese Männer oder die Gerüchte, die sie verbreiten, von Bedeutung wären."

Die Sterndeuter waren ganz aufgeregt, als die Wachen des Königs sie ausfindig gemacht hatten und zum König führten. Sie hatten gehört, dass Herodes ein grausamer Herrscher sein konnte, und waren überrascht, als er höflich, interessiert und sogar hilfsbereit wirkte. „Die Hohepriester der Juden haben mir gesagt, dass ihr nicht in Jerusalem suchen solltet", erklärte er ihnen. „Sucht besser in Betlehem. Und wenn ihr den künftigen

König gefunden habt, dann kommt zurück zu mir und erzählt mir alles über ihn. Ich will dann auch zu ihm gehen und ihm meine Ehrerbietung erweisen."

Die Sterndeuter wussten nicht, dass König Herodes nur erfahren wollte, wo sich das Kind befand, damit er es töten lassen konnte.

Und so machten sie sich auf nach Betlehem und folgten dem Stern bis zu dem Haus, über dem er am hellsten und größten am Himmel leuchtete. Die Sterndeuter waren überrascht, als sie das Kind nicht in einem prachtvollen Palast vorfanden. Sie verbeugten sich vor ihm und gaben ihm Geschenke – Gold, Weihrauch und Myrrhe.

Herodes jedoch hörte nie wieder von den drei Männern. In der Nacht, bevor sie die Rückreise antreten wollten, hatten sie einen Traum, in dem sie davor gewarnt wurden, zu König Herodes zurückzukehren. Und so reisten die Sterndeuter auf einem anderen Weg zurück in ihr Heimatland im Osten, und Herodes konnte sie nicht mehr ausfindig machen.

Matthäus, Kapitel 2

Flucht nach Ägypten

Nachdem die Sterndeuter abgereist waren, erschien Josef im Traum ein Engel. „Herodes sucht das Kind und will es töten", warnte ihn der Engel. „Nimm Jesus und Maria, und geh mit ihnen nach Ägypten. Es wird eine lange und beschwerliche Reise werden, aber ihr werdet dann in Sicherheit sein, und der König wird euch nichts

mehr anhaben können. Bleibt dort, bis ich euch sage, dass ihr wieder zurückkehren könnt."

Josef wachte auf und hatte große Angst. Sofort weckte er Maria und sagte ihr, dass sie ihre Sachen packen sollte. Maria und Josef eilten, so schnell sie konnten, durch die dunklen, menschenleeren Straßen von Betlehem und machten sich auf den Weg nach Ägypten.

In Jerusalem wartete Herodes noch immer auf die Rückkehr der Sterndeuter aus Betlehem, damit sie ihm sagten, wo das Kind, der künftige König der Könige, war. Er wartete … und wartete … und wartete. Aber sie kamen nicht. Herodes wurde wütend und brüllte den Hauptmann seiner Armee an: „Schick deine Männer nach Betlehem, und lass sie

223

jedes Haus durchsuchen. Bringt jeden Jungen unter zwei Jahren sofort um!"

Als die Soldaten schließlich in Betlehem ankamen, um ihren grausamen Auftrag auszuführen, waren Maria und Josef mit Jesus schon weit entfernt in Ägypten. Sie blieben dort viele Monate lang, bis Josef ein Engel erschien, der ihm sagte, dass König Herodes gestorben war und dass er sicher nach Israel zurückkehren konnte. Josef ging mit seiner Familie jedoch nicht zurück nach Betlehem. Die Stadt war viel zu nah an Jerusalem, wo König Herodes' Sohn nun auf dem Thron saß. Stattdessen reiste er nach Hause in den Norden, in die kleine Stadt Nazaret in Galiläa.

Matthäus, Kapitel 2

Jesus
im Tempel

Jedes Jahr kamen alle jüdischen Männer zum Paschafest in den Tempel nach Jerusalem, um zu Gott zu beten und ihm zu danken. Auch Josef und Maria gingen immer dorthin. Zum Paschafest waren stets viele Menschen in der Stadt. Die Herbergen waren voll, auf den Straßen drängten sich die Menschen, und der Tempel selbst war

überfüllt. Früher hatten Maria und Josef Jesus immer bei Verwandten oder Nachbarn gelassen, wenn sie zu dem großen Fest nach Jerusalem gereist waren. Aber als er zwölf Jahre alt war, durfte Jesus mit ihnen in den Tempel gehen.

Gemeinsam mit einer großen Gruppe von Freunden und Verwandten reisten sie zum Paschafest in den Tempel. Als das Fest zu Ende war, machten sie sich gemeinsam auf den Heimweg. Josef ging mit den Männern, Maria unterhielt sich mit den Frauen, und Jesus lief mit den anderen Kindern zwischen den Männern und Frauen umher.

Als sie am Ende der ersten Tagesreise gerade ihr Nachtlager aufschlugen, war Jesus plötzlich verschwunden. Maria und Josef riefen, so laut sie konnten, nach ihrem Sohn, aber er war nicht

da. Die beiden machten sich große Sorgen und suchten ihn überall, beschrieben Jesus anderen Reisenden und fragten, ob ihn jemand gesehen hätte. Aber niemand wusste, wo er war, und es wurde langsam dunkel. „Wir können heute Abend nichts mehr tun, aber sobald es morgen früh hell wird, werden wir zurückgehen und ihn finden", tröstete Josef seine weinende Frau.

Maria und Josef taten in dieser Nacht kein Auge zu, weil sie solche Angst um Jesus hatten. Sie fragten sich, wo er nur sein konnte und ob ihm etwas passiert war. Bei Sonnenaufgang kehrten Maria und Josef zurück nach Jerusalem und fragten jeden, den sie trafen, ob er ihren zwölfjährigen Sohn gesehen hatte. Zwei Tage lang durchkämmten sie die geschäftigen Straßen der Stadt, ohne eine Spur von Jesus zu finden.

Völlig verzweifelt gingen Maria und Josef am dritten Tag schließlich wieder in den großen Tempel. Wie erstaunt waren sie, als sie dort Jesus sahen, der sich mit einer Gruppe jüdischer Priester und Schriftgelehrter unterhielt!

„Euer Sohn versteht die alten Schriften so gut, wir können kaum glauben, dass er erst zwölf ist", sagten die Priester und Schriftgelehrten zu Maria und Josef. „Er stellt Fragen, auf die die meisten Menschen nicht kommen, und er weiß sogar Antworten auf unsere Fragen!"

Aber Maria und Josef wollten nur wissen, was passiert war. „Wo um alles in der Welt bist du gewesen?", fragten sie Jesus. „Wir haben uns so große Sorgen um dich gemacht!"

Darauf antwortete ihnen Jesus ruhig: „Ihr hättet wissen sollen, dass ihr mich im Haus meines Vaters finden würdet."

Lukas, Kapitel 2

Johannes der Täufer

Johannes, der Sohn von Elisabet und Zacharias, wuchs zu einem frommen Mann heran. Er lebte alleine in der Wüste von Judäa, damit er ungestört über Gott nachdenken und zu ihm beten konnte. Er trug ein einfaches Gewand aus Kamelhaaren und ernährte sich von Heuschrecken und wildem Honig. Als er ungefähr dreißig Jahre alt war,

fing er an zu predigen. „Bereut eure Sünden, und wendet euch vom Bösen ab", sagte er. „Damit ihr in das Reich Gottes kommen könnt!"

Johannes war ein so beeindruckender Redner, dass die Menschen aus Dörfern und Städten und sogar aus Jerusalem zu ihm reisten, nur um ihn zu hören. Bauern, Ladenbesitzer, Zöllner und sogar römische Soldaten kamen ebenso zu ihm wie mächtige jüdische Gruppierungen wie die Pharisäer oder die Sadduzäer. Meist fanden sie Johannes am Ufer des Flusses Jordan.

„Was möchte Gott, dass wir tun?", fragten sie ihn.

Johannes sagte zu ihnen: „Seid freundlich und gütig. Behandelt einander gerecht. Verletzt niemanden, weder mit euren Taten noch mit euren Worten."

Johannes predigte so eindrücklich, dass die Menschen ihn oft fragten, ob er der Erretter sei – der Messias, der in den alten Schriften angekündigt wurde. „Nein", sagte Johannes dann immer wieder, „aber ich versuche, ihm den Weg zu bereiten."

Viele Menschen kamen zu Johannes und erzählten ihm von den Dingen, die sie in ihrem Leben falsch gemacht hatten. Sie waren traurig darüber und schämten sich dafür. Sie bereuten ihre Sünden zutiefst und versprachen ihm, dass sie nicht mehr sündigen würden, dass sie sich stattdessen Gott zuwenden und sich bemühen würden, seine Vorschriften und Gebote einzuhalten. Dann taufte Johannes sie in dem heiligen Fluss. Er tauchte die Menschen in das Wasser und gab ihnen Gottes Segen, damit ihre

Sünden abgewaschen würden und sie wieder
neu beginnen konnten. „Ich taufe euch nur mit
Wasser", sagte Johannes zu ihnen, „aber der nach
mir wird euch mit dem Feuer des Heiligen Geistes
taufen. Er ist so heilig, dass ich es nicht einmal
wert bin, ihm seine Sandalen aufzuschnüren."

Eines Tages wartete Jesus am Ufer des Jordan
darauf, von Johannes getauft zu werden. Johannes
wusste sofort, wer er war. „Es ist nicht richtig,
dass ich dich taufe", sagte Johannes zu Jesus.
„*Du* solltest *mich* taufen."

Aber Jesus bestand darauf, dass Gott genau das
wollte. So gingen die beiden Männer zusammen
in den Fluss. Sobald Johannes Jesus getauft hatte,
öffnete sich der Himmel über ihnen, und ein
helles Licht strahlte auf Jesus herab. Eine Taube
kam vom Himmel herab und flog über Jesus.

Und Johannes wusste, dass Gottes Heiliger Geist auf Jesus herabgekommen war. Dann hörte er eine Stimme, die zu allen sagte: „Das ist mein geliebter Sohn, der mir sehr viel Freude bereitet."

Matthäus, Kapitel 3; Markus, Kapitel 1; Lukas, Kapitel 3; Johannes, Kapitel 1

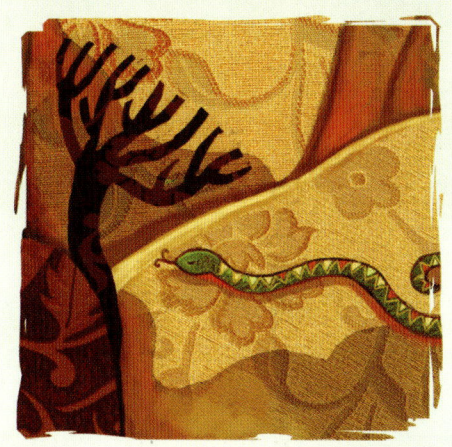

Jesus wird in Versuchung geführt

Jesus ging in die Wüste von Judäa, damit er ungestört über Gott nachdenken konnte und auch darüber, was Gott von ihm wollte. Jesus war alleine und nur von wilden Tieren umgeben. Vierzig Tage und vierzig Nächte lang betete er zu Gott und fastete, bis er ganz schwach war vor Müdigkeit und Hunger. Da trat der Teufel zu Jesus und wollte ihn dazu bringen, dass er eine Sünde beging.

„Wenn du wirklich der Sohn Gottes bist", sagte der Teufel, „dann verwandle diese Steine in Brot."

Aber Jesus weigerte sich. Er musste keine Wunder tun, um zu beweisen, dass er Gottes Sohn war. Gott selbst hatte es bei der Taufe durch Johannes zu ihm gesagt, und er wusste, dass es falsch wäre, nur ein Wunder zu vollbringen, damit das Leben für ihn einfacher wäre. Obwohl Jesus sich vor Hunger kaum mehr auf den Beinen halten konnte, vertraute er doch darauf, dass Gott für ihn sorgen würde.

Der Teufel war wütend und versuchte ihn erneut. Er führte Jesus auf das Dach des großen Tempels in Jerusalem hinauf, wo er auf den

Innenhof des Tempels hinabblickte, in dem viele Menschen umhergingen. „Verkünde allen, dass du der Sohn Gottes bist", sagte der Teufel, „und dann wirf dich hinunter. Die Engel werden dich sicherlich auffangen!"

Aber Jesus weigerte sich erneut. Er wusste, dass es falsch war, Gott so auf die Probe zu stellen. Gott wollte, dass die Menschen ihm nachfolgten, weil sie ihn liebten, und nicht, weil sie ein Wunder gesehen hatten.

Der Teufel kochte vor Wut, aber er gab nicht auf. Er versuchte noch ein drittes Mal, Jesus dazu zu bringen, dass er sündigte. Der Teufel führte Jesus auf den Gipfel eines sehr hohen Berges hinauf. Als er nach unten blickte, konnte er alle Länder der Welt sehen, die sich zu seinen Füßen erstreckten.

„Sieh nur", flüsterte ihm der Teufel ins Ohr.
„Das alles kann ich dir geben – alle Länder
und alle Völker von einem Ende der Erde bis
zum anderen –, du musst dich nur vor mir
verbeugen und mich anbeten."

Jesus wusste, dass viele Menschen
sich nur deshalb dem Bösen
verschrieben hatten, damit sie
mächtige Herrscher wurden.
Aber in den Reichen, die der
Teufel mit ihnen errichtete,
herrschten Leid und
Grausamkeit.

Jesus wusste ganz genau, dass es nur ein einziges Reich gab, das von Dauer sein würde – das Reich Gottes.

„Nein! Geh weg von mir!", schrie Jesus. „Ich werde nur Gott anbeten."

Der Teufel war besiegt und ließ von ihm ab. Als Jesus völlig erschöpft zu Boden sank, kamen Engel und dienten ihm.

Matthäus, Kapitel 4; Markus, Kapitel 1; Lukas, Kapitel 4

Jesu
erstes Wunder

Vom Jordan und der Wüste von Judäa im Süden aus zog Jesus in den Norden nach Galiläa. Gott wollte, dass er den Menschen sagte, was sie tun sollten, damit sie in sein Reich kamen. Einige Nachfolger von Johannes dem Täufer gingen mit Jesus, um ihm zu helfen.

Jesus predigte in den Synagogen der Juden.

„Bittet Gott, dass er euch eure Sünden vergibt",
sagte er jedem, wie Johannes der Täufer es auch
getan hatte, „damit ihr in das Reich Gottes kommen
könnt, denn es ist nahe herbeigekommen."
Bald hatte sich herumgesprochen, dass Jesus ein
ausgezeichneter Redner war, und viele Menschen
kamen zu ihm, um ihn zu hören.

Nicht lange, nachdem Jesus in Galiläa
angekommen war, war er zusammen mit
seiner Mutter Maria zu einer Hochzeit in Kana
eingeladen. Es sollte ein großes Fest werden, und
die Hochzeitsfeierlichkeiten würden mehrere Tage
dauern.

Das Fest war großartig. Irgendwann fiel Maria
auf, dass der Wein zu Ende ging. Sie wusste, dass
es für das Brautpaar sehr peinlich werden würde,
wenn sie ihren Gästen nichts mehr zu trinken

anbieten konnten. Deshalb flüsterte sie Jesus zu,
er solle ihnen helfen.

„Es tut mir leid, aber ich kann nichts tun",
flüsterte Jesus zurück. „Es ist nicht der richtige
Zeitpunkt."

Maria jedoch ließ nicht locker. Sie ging zu
den verzweifelten Dienern und sagte: „Ich habe
gesehen, dass euch der Wein ausgeht, aber mein
Sohn kann euch helfen. Tut genau, was er euch
sagt."

Jesus seufzte. Er lächelte seine Mutter an und
sagte dann zu den Dienern: „Füllt alle leeren
Weinkrüge bis zum Rand mit Wasser." Sie taten
schnell, was er ihnen gesagt hatte. „Gießt dann
etwas in einen Kelch und lasst den Wirt den Wein
probieren", wies Jesus sie an. Verwundert folgten
sie Jesu Anweisungen. Sie staunten nicht schlecht,

als der Wirt den Wein probierte, zufrieden in die Hände klatschte und den Wein den Gästen servieren ließ. Das Wasser war zu Wein geworden. Aber nicht nur das. Der Wein war hervorragend – sogar besser als der Wein, den sie zuvor ausgeschenkt hatten. Der Wirt ging direkt hinüber zum Bräutigam, um ihn für seinen guten Geschmack zu loben und ihm für seine Großzügigkeit zu danken.

Durch die Macht Gottes, seines Vaters, hatte Jesus sein erstes Wunder bewirkt, und es sollten noch viele folgen.

Matthäus, Kapitel 4; Markus, Kapitel 1; Lukas, Kapitel 4; Johannes, Kapitel 1 und 2

Jesus geht fischen

Jesus segelte in einem Boot auf den See von Galiläa hinaus. Das Boot gehörte zwei seiner Jünger, Simon Petrus und Andreas, die beide Fischer waren. „Werft eure Netze ins Wasser", sagte Jesus zu ihnen.

„Wir werden heute keine Fische fangen", antwortete Simon Petrus düster. „Die ganze Nacht

lang haben wir gearbeitet, und wir haben keinen einzigen Fisch gefangen."

„Dann versucht es noch einmal", drängte Jesus sie.

„Das ist sinnlos", sagte Petrus und zuckte mit den Schultern. Als er aber ein seltsames Leuchten in Jesu Augen sah, lenkte er ein: „Aber wir können es ja versuchen."

Er und Andreas ließen die Netze ins Wasser hinab und warteten ... Nach einer Weile wollten die Brüder das Netz herausholen. Zu ihrem großen Erstaunen war es aber so voller Fische, dass sie es nicht herausziehen konnten und es zu reißen drohte. Ganz in ihrer Nähe schwamm das Boot der beiden Söhne des Zebedäus, Jakobus und Johannes, und sie winkten sie heran, damit sie ihnen halfen.

Nur mit vereinten Kräften konnten die vier Fischer den Fang in ihr Boot holen. Bald war das kleine Boot von Petrus und Andreas mit einer dicken Schicht glänzender und zappelnder Fische bedeckt, die so schwer waren, dass das Boot fast sank.

Jeder von ihnen wusste, dass es so einen Fang noch nie zuvor gegeben hatte. Ein Wunder musste geschehen sein. Petrus fiel vor Jesus auf die Knie und sagte: „Herr, ich bin es nicht wert, einer deiner Nachfolger zu sein. Ich hätte nicht zweifeln sollen an dem, was du gesagt hast. Ich hätte gleich das tun sollen, was du mir gesagt hast."

„Mach dir keine Gedanken", sagte Jesus freundlich. „Ich werde dir zeigen, wie du von jetzt an Menschen fischen kannst."

Von dieser Zeit an blieben Petrus, Andreas, Jakobus und Johannes an Jesu Seite und halfen ihm.

Matthäus, Kapitel 4; Markus, Kapitel 1; Lukas, Kapitel 5

Jesus erwählt seine Jünger

Bald war Jesus so bekannt, dass er nirgendwo mehr hingehen konnte, ohne von einer Schar von Menschen umringt zu sein. Einmal stieg er hoch auf einen Berg, damit er alleine sein konnte. Jesus betete die ganze Nacht zu Gott, und als er am

nächsten Tag von dem Berg herabkam, erwählte
er zwölf seiner Nachfolger zu seinen besonderen
Helfern.

Die zwölf waren die Brüder Simon Petrus und
Andreas, die Brüder Jakobus und Johannes, ein
ehemaliger Nachfolger Johannes des Täufers
namens Philippus, Matthäus, ein Zöllner, Simon,
genannt der Zelot, ein zweiter Jakobus und vier
andere: Thomas, Bartholomäus, Thaddäus und
Judas Iskariot.

Jesus nahm die zwölf Männer zur Seite
und sprach zu ihnen. „Ihr sollt die Helfer an
meiner Seite sein", erklärte er. „Geht hinaus,
und predigt den Menschen das, was ich
gepredigt habe. Ich werde euch die Macht
geben, Kranke zu heilen, genau so wie ich
es tue. Nehmt kein Geld dafür und nichts

mit, außer der Kleidung, die ihr tragt, und lebt nur von der Freundlichkeit der Menschen. Es wird nicht einfach sein – manche Menschen werden euch nicht beachten, andere werden versuchen, euch daran zu hindern, meine Botschaft zu verbreiten, und manche werden sogar versuchen, euch umbringen zu lassen. Aber Gott wird immer bei euch sein und für euch sorgen, und sein Heiliger Geist wird euch Mut geben. Und wenn ihr euer Leben für mich lasst, so verspreche ich euch, werdet ihr ein neues und glücklicheres Leben im Himmel haben."

Und so zogen die zwölf Männer hinaus und lehrten und heilten mehrere Wochen lang in Jesu Namen.

Matthäus, Kapitel 10; Markus, Kapitel 3 und 6; Lukas, Kapitel 6 und 9

Jesus,
der Heiler

Bald erfuhren die Menschen in nah und fern von Jesus. Männer, Frauen und Kinder waren begeistert von diesem beeindruckenden Prediger, der Wunder wirken konnte. Sobald sie herausgefunden hatten, wo Jesus predigte, gingen sie zu ihm, wo auch immer es war. Sie wollten Jesus mit eigenen Augen sehen. Jesus half so vielen

Menschen, wie er konnte, und versuchte, sie davon zu überzeugen, dass sie zu Gott umkehren sollten.

Nachdem Jesus eines Tages an einem Ort gepredigt hatte, kam ein Mann zu ihm, der an einer schrecklichen Hautkrankheit litt, die Lepra heißt. Er wollte unbedingt zu Jesus. Lepra ist eine höchst ansteckende und unheilbare Krankheit, und die meisten Menschen machten einen großen Bogen um die Leprakranken. Oft rannten die Menschen sogar weg, wenn sie einen Leprakranken kommen sahen. Aber Jesus tat das nicht. Der Leprakranke kniete vor Jesus nieder, seine Haut war wund und über und über mit Knoten und Flecken übersät, und er sagte: „Ich weiß, dass du mich heilen kannst, wenn du willst."

„Natürlich will ich", murmelte Jesus. Er streckte seine Hand zu dem Mann aus und legte sie auf seine geschundene Haut.

Der Leprakranke konnte es nicht glauben, dass Jesus ihn tatsächlich berührte. Das hatte schon lange niemand mehr getan. Doch dann sah der Mann auf seine Hände, seine Beine und tastete sein Gesicht ab. Seine Haut war geheilt. Er war wieder gesund. Der Mann fing vor Freude an zu weinen.

Jesus sagte zu ihm: „Geh zu deinem Priester, damit er es mit seinen eigenen Augen sieht, und bring Gott zum Dank ein Opfer dar."

Ein anderes Mal half Jesus einem römischen Hauptmann. Der Hauptmann bat Jesus, seinem Diener zu helfen, der mit großen Schmerzen krank zu Hause lag. „Ich komme sofort mir dir", sagte Jesus zu dem Römer.

„Das ist nicht nötig", antwortete der römische Hauptmann. „Wenn du es befiehlst, dann wird mein Diener gesund."

Jesus war erstaunt und verblüfft. „Ich habe noch keinen Juden getroffen, der so einen starken Glauben hatte wie du", sagte er. „Es werden viele Menschen aus weit entfernten Ländern in das Reich Gottes kommen, während viele aus Israel nicht hineinkommen werden."

Der Hauptmann kehrte nach Hause zurück, und sein Diener war vollständig geheilt.

Matthäus, Kapitel 8; Markus, Kapitel 1; Lukas, Kapitel 7; Johannes, Kapitel 4

Jesus und
die Sünder

Eines Tages ging Jesus mit seinen Jüngern eine Straße entlang. Unterwegs sah er einen Mann namens Matthäus am Zoll sitzen. Jesus fand, dass er sehr einsam aussah. Bestimmt hatte er nur wenige Freunde, wenn überhaupt welche. Matthäus arbeitete als Zöllner für die Römer, die über Israel herrschten. Die Juden hassten die Römer.

Sie wollten, dass die Römer ihr Land verließen. In den Augen der Juden waren Zöllner Menschen, die für ihre Feinde arbeiteten.

Jesus hatte Mitleid mit Matthäus. „Komm mit mir", sagte er mit einem freundlichen Lächeln.

Matthäus spürte, dass er der Aufforderung folgen musste, und so stand er auf und ging mit Jesus und seinen Jüngern davon.

Spät am Abend lud Matthäus Jesus und auch andere Zöllner zu sich zum Abendessen ein. Plötzlich war sein sonst so stilles Haus von den Stimmen vieler Gäste erfüllt, die sich rege miteinander unterhielten.

Natürlich hatten auch die Pharisäer am Ort davon gehört, und es gefiel ihnen überhaupt nicht. „Jesus sollte mit wichtigen und frommen Männern wie uns zu Tisch sitzen", sagten sie

mürrisch. „Und nicht mit dem gemeinen Volk und schamlosen Verrätern."

Aber Jesus antwortete ihnen: „Ich bin nicht nur zu den Menschen gekommen, die schon alles richtig machen. Tatsächlich brauchen mich die Sünder am meisten."

Ein anderes Mal war Jesus bei einem Pharisäer zum Abendessen eingeladen. Der Pharisäer hieß Simon und war nicht besonders gastfreundlich. Damals gehörte es sich, dass man einen Gast mit einem Kuss begrüßte und ihm wohlriechende Öle gab, damit er sich damit erfrischen konnte. Außerdem gab der Gastgeber den Besuchern normalerweise Wasser und Handtücher, damit sie oder ein Diener den Staub von ihren Füßen waschen konnten. Simon hatte nichts von alledem für Jesus getan.

Während des Abendessens hatte sich jedoch eine Frau in den Raum geschlichen, die in ihrem Leben viele Sünden begangen hatte. In den Augen der meisten Menschen hatte sie Schande auf sich geladen, und sie wollten nichts mit ihr zu tun haben. Nun aber kniete die Frau vor Jesus nieder, Tränen liefen ihr über die Wangen, und sie bat ihn um Vergebung ihrer Sünden. Ihre herabfallenden Tränen fielen auf Jesu Füße, und sie trocknete die Tränen mit ihren langen Haaren. Dann salbte sie ihm die Füße mit teurem Öl ein, das sie mitgebracht hatte.

Daraufhin sagte Jesus zu Simon: „Du hältst dich für einen frommen Mann und diese Frau für eine Sünderin, aber sie hat mir die Freundlichkeit erwiesen, die du mir nicht erwiesen hast. Es ist völlig egal, was sie früher falsch gemacht hat, sie bereut es zutiefst, und alle ihre Sünden sind ihr vergeben."

Die Frau ging erleichtert und fröhlich nach Hause und war entschlossen, ab sofort Jesus nachzufolgen und ein gutes Leben zu führen.

Matthäus, Kapitel 9; Markus, Kapitel 2; Lukas, Kapitel 5 und 7

Jesus stillt den Sturm

Den ganzen Tag lang hatte Jesus vor einer großen Menschenmenge am See von Galiläa gepredigt. Er war müde und wollte sich etwas ausruhen. „Lasst uns auf die andere Seite des Sees hinüberfahren", sagte er zu einigen seiner Jünger.

Bald segelte das kleine Boot mit großer Geschwindigkeit über das Wasser der untergehenden

Sonne entgegen. Jesus lehnte sich zurück, sein Kopf sank ihm auf die Brust, und er schlief durch das gleichmäßige Auf und Ab der Wellen ein.

Während Jesus schlief, bemerkten die Jünger, dass dunkle Wolken aufzogen. Der Wind wurde stärker und raute die See auf. Als die Windböen heftiger wurden, holten die Jünger schnell das Segel ein. Die Wellenkämme wurden immer höher, und das Boot schaukelte auf den Wellen hin und her. Über die Reling peitschte Wasser ins Boot. Die Jünger schöpften es heraus, doch es schwappte immer wieder ins Boot. Sie hatten Angst, dass das Boot kentern und sinken würde.

Jesus schlief weiter tief und fest, bis die Jünger ihn schließlich aufweckten.

„Herr", riefen sie. Sie mussten sehr laut schreien, damit man ihre Stimme in dem tosenden Sturm

überhaupt hören könnte. „Herr, wir werden alle ertrinken."

Jesus öffnete die Augen und stand auf. Wind fuhr durch seine Haare und seine Kleidung, als er die Hand ausstreckte, zum Himmel emporblickte und dann rief: „Sei still!"

Sofort legte sich der Wind, die Wellen ebbten ab, und die Wolken lösten sich auf. Der See lag ruhig und friedlich da.

Den Jüngern stockte der Atem. Was war das für ein Mensch, dem sogar der Wind und die Wellen gehorchten?

Matthäus, Kapitel 8; Markus, Kapitel 4; Lukas, Kapitel 8

Zwei Fische und
fünf Brote

Eines Tages ließ der König von Judäa Johannes
den Täufer und dessen Jünger ins Gefängnis
werfen und töten. Als Jesus davon erfuhr, predigte
er gerade am See von Galiläa. Er war wütend
und traurig und wollte eine Weile nicht von so
vielen Menschen umgeben sein. So stiegen Jesus
und seine zwölf Jünger in ein kleines Boot und

ruderten auf den See hinaus. Die vielen Hundert Menschen am Ufer waren aber gekommen, um Jesus zu sehen und zu hören, und so folgten sie ihm um den See herum bis ans andere Ufer. Unterwegs schlossen sich ihnen noch weitere an.

Als Jesus mit seinen Jüngern schließlich am anderen Ufer ankam, wurden sie dort bereits von der Menschenmenge erwartet.

Als Jesus die vielen Menschen sah – zahlreiche von ihnen waren krank oder verletzt und hatten ihre letzte Hoffnung auf ihn gesetzt, dass er sie heilen würde –, hatte er Mitleid mit ihnen. „Seht sie euch an", flüsterte Jesus. „Sie sind wie Schafe, die keinen Hirten haben."

Obwohl Jesus traurig und erschöpft war, fing er an zu predigen und zu heilen … und als die

Sonne unterging, redete er noch immer mit den Menschen.

„Meister, du hast heute genug getan", sagten die Jünger, die sich Sorgen um Jesus machten. „Es ist Zeit, dass die Menschen nach Hause gehen. Wir sollten alle etwas essen."

Jesus lächelte müde und sagte: „Sie müssen nicht weggehen. Ihr könnt uns allen zu essen geben."

Die Jünger blickten ihn verwirrt an. Um sie herum standen mindestens fünftausend Menschen. Wie konnte Jesus erwarten, dass die Jünger für alle etwas zu essen herbeischafften?

„Wir haben kaum genug Geld, um für uns alle etwas zu essen zu kaufen", sagte Philippus.

Andreas fügte hinzu: „Wir haben nur das, was dieser Junge gebracht hat." Er zeigte auf einen Jungen, der einen Korb trug.

„Das sind fünf Brote und zwei Fische. Aber das wird nicht für alle reichen!"

Jesus streckte die Hand über die Brotlaibe und die Fische aus, sprach das Dankgebet und teilte sie. Dann sagte er zu seinen Jüngern: „Und jetzt gebt allen davon."

Die Jünger wussten, dass sie Jesus immer vertrauen konnten, und so verteilten sie das Brot und die Fische an die Menschen. Es war genug für alle da, und es blieb sogar noch so viel davon übrig, dass sie zwölf Körbe damit füllen konnten.

Matthäus, Kapitel 14; Markus, Kapitel 6; Lukas, Kapitel 9; Johannes, Kapitel 6

Jesus geht auf dem Wasser

Der Tag am See von Galiläa war lang gewesen, und Jesu Jünger waren müde. Jesus sagte ihnen, dass sie schon ohne ihn losfahren sollten, während er die unzähligen Menschen nach Hause schickte. „Es wird eine Weile dauern, bis alle gegangen sind", sagte Jesus zu seinen Jüngern. „Fahrt schon mal ohne mich los. Ich will etwas Zeit

alleine verbringen und beten. Ich komme später nach."

„Aber wie willst du zu uns nachkommen?", protestierten die Jünger und stiegen in ihr Boot.

„Macht euch darum keine Sorgen", sagte Jesus und winkte ihnen nach. „Ihr werdet sehen."

Während die Männer davonsegelten, wandte sich Jesus wieder an die Menge und erklärte ihnen, dass es nun auch für sie Zeit war aufzubrechen. Obwohl eigentlich niemand gehen wollte, machten sie sich doch in kleinen Gruppen auf den Nachhauseweg. Als alle gegangen waren, stieg Jesus auf einen Berg, um ungestört zu beten. Er blieb eine ganze Weile dort oben, war tief in Gedanken versunken und redete mit Gott.

Mittlerweile gerieten die Jünger draußen auf dem See von Galiläa in Schwierigkeiten.

Der Wind war stärker geworden, Wellen warfen das Boot hin und her. Die Männer hatten große Angst, rollten die Segel ein und versuchten, ans Ufer zu rudern, aber sosehr sie sich auch abmühten, sie kamen immer mehr vom Kurs ab und wurden in gefährliche Gewässer getrieben.

Stunden vergingen. Es wurde dunkler, der Wind heftiger, und die Wellen schlugen immer höher. Die Jünger wussten, dass sie Wind und Wellen ausgeliefert waren, und fürchteten sich sehr.

Während sie zusammengekauert in ihrem Boot saßen und verzweifelt darauf warteten, dass der Wind sich legte und der Morgen dämmerte, sahen sie plötzlich in der Dunkelheit etwas Weißes leuchten. Es kam näher und wurde

größer, und bald bemerkten sie, dass es der Umriss eines Körpers war. „Ein Geist!", riefen sie, noch verängstigter als vorher.

Dann hörten sie die Stimme eines Mannes, die vom Wind zu ihnen herübergetragen wurde. „Habt keine Angst, ich bin es, Jesus!"

Die Jünger waren verwirrt. Konnte das wirklich Jesus sein? Oder wollte der Teufel sie nur hinters Licht führen? Petrus sagte mutig: „Herr, wenn du es wirklich bist, dann befiehl, dass ich auf dem Wasser zu dir komme."

„Komm!", sagte Jesus.

271

Petrus stand auf, ging vorsichtig an den Rand des schaukelnden Bootes und holte tief Luft. Die anderen Jünger trauten ihren Augen kaum, als Petrus aus dem Boot stieg.

Petrus sank nicht ins Wasser ein, sondern ging von einer Welle zur anderen über das brodelnde Meer auf Jesus zu.

Petrus ließ seinen Blick nicht von Jesus und wagte es nicht, nach unten zu sehen. Als er nur noch wenige Schritte von Jesus entfernt war, schaute er doch nach unten. Sobald er die schäumenden Wellen unter seinen Füßen sah, verließ ihn der Mut, und er sank in das tiefe, kalte Wasser. „Hilf mir, Jesus!", rief Petrus in Panik. „Ich sinke!"

Jesus streckte Petrus die Hand entgegen und zog ihn wieder nach oben. „Zweifle nicht an mir", sagte Jesus. „Hab mehr Glauben." Jesus ging zusammen mit Petrus über das Wasser, und sobald sie ins Boot gestiegen waren, flaute der Wind ab, und die Wellen legten sich.

Die Jünger waren fassungslos über das, was sie gesehen hatten. „Du bist wirklich Gottes Sohn", sagten sie und fielen voller Ehrfurcht vor Jesus nieder.

Matthäus, Kapitel 14; Markus, Kapitel 6; Johannes, Kapitel 6

Jesus besucht Marta und Maria

Jesus kam einmal in ein kleines Dorf namens Betanien. In dem Dorf lebte eine Frau, die hieß Marta. Sie lud Jesus und seine Jünger in ihr Haus ein, damit sie sich dort ausruhen und etwas essen konnten. Jesus und seine Jünger waren froh über das Angebot und nahmen es gerne an. Marta stellte den Männern ihre Schwester

Maria vor. Sie lud Jesus und seine Jünger ein,
sich zu setzen, und lief dann geschäftig hin und
her. Hastig holte sie Schalen mit Wasser und
Handtücher aus der Küche, damit sie sich den
Staub der Straße abwaschen konnten. Sie brachte
ihnen Becher und Krüge voll Saft gegen ihren
Durst und eilte gleich darauf wieder in die Küche,
um Tabletts mit heißen Getränken und Teller mit
Essen vorzubereiten.

Maria hatte sich
Jesus zu Füßen gesetzt.
Während Marta hin
und her eilte und
sich um ihre Gäste
kümmerte, saß Maria
nur da, starrte zu dem
großen Prediger hinauf

und lauschte ehrfürchtig jedem Wort, das er sagte.

„Maria, es wäre schön, wenn du mir helfen würdest", flüsterte Marta, als sie ein weiteres Tablett mit Essen hereinbrachte.

Aber Maria folgte ihr nicht in die Küche, sondern blieb einfach auf dem Boden vor Jesus sitzen, während Marta ganz alleine für dreizehn Personen Essen kochte. Marta ärgerte sich über Maria. Sie wäre auch lieber bei dem berühmten Jesus und seinen zwölf Jüngern gesessen und hätte sich mit ihnen unterhalten. Aber jemand musste sich schließlich um das Essen kümmern.

Und so lief Marta immer wieder in die Küche und heraus, brachte Vorspeisen, Hauptgerichte und Nachtisch und räumte Tablett für Tablett mit leeren Tellern, Schalen und Bechern wieder ab.

Als alle fertig gegessen hatten und Marta alles weggeräumt hatte, waren Jesus, die Jünger und Maria in eine Unterhaltung vertieft. Marta hatte den Anfang des Gesprächs verpasst und wusste deshalb nicht genau, wovon sie redeten. Außerdem hatten sich ihre Gäste überall im Raum ausgebreitet, sodass für sie kaum noch Platz war, um sich hinzusetzen.

Marta kam sich vor, als würde sie nicht dazugehören! Als sie dann auch noch ihre Schwester sah, die einfach nur neben Jesus saß, spürte sie einen Kloß im Hals, und Tränen stiegen ihr in die Augen.

„Herr", sagte sie schließlich verärgert. „Wie kannst du es zulassen, dass meine Schwester nur da sitzt und nichts macht? Warum sagst du ihr nicht, dass sie mir helfen soll?"

„Meine liebe Marta, ich danke dir von Herzen für deine Freundlichkeit", sagte Jesus, der aufgestanden war, um die aufgebrachte Frau zu beruhigen. „Du hast so viele Gänge für uns vorbereitet. Dabei hätte einer gereicht. Deine Schwester hat mir ihre Aufmerksamkeit auf eine ganz andere Art geschenkt, die beste überhaupt: Sie hat mir zugehört. Wie hätte ich sie daran hindern können?"

Lukas, Kapitel 10

Lazarus wird auferweckt

Eines Tages bekam Jesus durch einen Boten eine dringende Nachricht von Marta und Maria, den beiden Frauen, bei denen er in Betanien zu Gast gewesen war. Ihr Bruder, Lazarus, war schwer krank, und sie hatten Angst, dass er sterben würde. Jesus hatte sich mit Maria, Marta und ihrem Bruder angefreundet und mochte sie sehr gerne.

Die Jünger waren deshalb sehr überrascht, dass Jesus nicht sofort aufbrach, um Lazarus zu heilen.

Stattdessen blieb er noch zwei Tage an dem Ort, wo er sich aufhielt. Am dritten Tag sagte er zu den Jüngern, dass er nun mit ihnen nach Betanien gehen würde. „Ich muss Lazarus aufwecken", erklärte er.

„Aber, Herr", sagten die Jünger verwundert. „Wenn Lazarus schläft, dann wacht er doch von alleine wieder auf."

„Lazarus ist tot", erwiderte Jesus daraufhin ruhig. „Und ich bin froh, dass ich nicht dort war, um ihn zu retten, denn jetzt kann ich ein Wunder tun, damit euer Glaube stärker wird."

Als Jesus in Betanien ankam, war Lazarus bereits seit vier Tagen tot, und als er sich dem Haus der Schwestern näherte, lief ihm Marta mit rot

geweinten Augen entgegen. „Oh, Herr", schluchzte sie. „Wenn du nur hier gewesen wärst, dann wäre Lazarus nicht gestorben." Sie wischte sich die Tränen aus den Augen und blickte Jesus an. „Aber ich weiß, dass Gott dir alles geben wird, worum du ihn bittest", fügte sie mit leiser Stimme hinzu.

Jesus war berührt von Martas Glauben. Er sah ihr lange in die Augen und sagte: „Glaubst du, dass jeder, der an mich glaubt und stirbt, leben wird? Dass jeder, der lebt und an mich glaubt, niemals sterben wird?"

„Das tue ich, Herr", antwortete Marta.

„Dann hol deine Schwester, und zeige mir, wo ihr deinen Bruder begraben habt", sagte Jesus.

Marta lief schnell zu Maria. Gemeinsam mit ihren Freunden, die mit ihnen um ihren Bruder

trauerten, führten sie Jesus und seine Jünger zu Lazarus' Grab. Das Grab war in einer Höhle, und vor den Eingang war ein großer Stein gerollt worden.

„Rollt den Stein weg", befahl Jesus.

Die Schwestern waren schockiert. „Aber, Herr. Er ist schon seit vier Tagen tot", sagte Marta. „Er riecht bestimmt schon."

Jesus hörte nicht auf sie, ließ den Stein zur Seite rollen und betete zu Gott. „Vater, du hörst mich immer und antwortest mir", sagte Jesus. „Ich danke dir von ganzem Herzen. Ich bitte dich jetzt um etwas, das den Menschen zeigen wird, dass du mich gesandt hast."

Darauf schloss Jesus die Augen und sagte mit lauter Stimme, die durch die Höhle hallte: „Lazarus, komm heraus!"

Kurz darauf hörten sie ein schlurfendes Geräusch, und Lazarus, dessen Füße und Hände mit Binden umwickelt waren und dessen Gesicht mit einem Schweißtuch verhüllt war, kam aus der Höhle heraus.

„Habt keine Angst und nehmt eurem Bruder die Binden ab!", sagte Jesus zu Maria und Marta.

Atemlos gehorchten sie. Ihr Bruder Lazarus lebte und war wohlauf.

Johannes, Kapitel 11

Bartimäus, der blinde Bettler

In ganz Jericho kannte jeder Bartimäus, den blinden Bettler. Niemand wusste, wie alt er war. Bartimäus wusste es vielleicht nicht einmal selbst. Jeden Tag saß er am selben Platz, an derselben Straße. Seine Bettelschale stand vor ihm auf dem Boden, und er erhob seine trüben Augen hoffnungsvoll zu jedem, der an ihm vorbeiging.

Eines Tages bemerkte Bartimäus, dass viele Menschen auf der Straße waren. „Was ist los?", fragte er. „Warum sind so viele Menschen auf der Straße?"

„Jesus von Nazaret kommt hier vorbei", antwortete ihm jemand.

Bartimäus' Herz klopfte gleich schneller. Er hatte schon unzählige Geschichten von dem großen Prediger gehört – wie er viele andere Blinde wie ihn wieder sehend gemacht hatte. Jesus hatte Lahme wieder gehend gemacht und Kranke wieder gesund. Es gab Gerüchte, dass er sogar Tote auferweckt hatte.

Als sich die Menschenmassen an dem Bettler vorbeischoben, stand er mühselig auf und erhob mit ihnen seine Stimme. „Jesus! Hab Erbarmen mit mir!", rief er, so laut er konnte. „Sei still, Bartimäus! Sei still!", hörte er Stimmen um sich

herum. „Jesus kommt, und wir wollen hören, was er sagt."

Bartimäus aber rief nur noch lauter. „Jesus von Nazaret, hilf mir!", schrie er so laut, dass er selbst über sich erschrak. „Ich bin hier drüben. Bitte hab Erbarmen mit mir."

Plötzlich hörte der Lärm um Bartimäus auf, und er spürte, dass sich eine Hand auf seine Schulter legte.

„Mein Freund, ich bin hier", sagte eine freundliche Stimme. „Wie kann ich dir helfen?"

Zitternd brachte Bartimäus heraus: „Oh Herr, bitte lass mich wieder sehen."

Bartimäus fühlte, wie Fingerspitzen sanft seine Augenlider berührten. Plötzlich wurde die Dunkelheit vor seinen Augen heller, bis er leichte Schlieren erkennen konnte … dann Formen und

Farben … Er konnte sehen!
Die Welt war unvorstellbar
schön, und Bartimäus
strahlte Jesus glücklich an.

„Dein Glaube hat dich
gesund gemacht", sagte Jesus
zu Bartimäus, der vor Freude
tanzte. Von da an folgte
Bartimäus Jesus auf seinem Weg.

Matthäus, Kapitel 20; Markus, Kapitel 10; Lukas, Kapitel 18

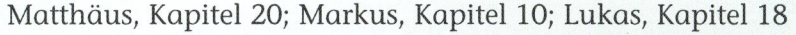

Jesus lehrt durch Gleichnisse

Wenn Jesus über Gott sprach und darüber, wie man in den Himmel gelangen konnte, erzählte er oft Geschichten, die man Gleichnisse nennt. Gleichnisse sind Geschichten, die noch eine zweite Bedeutung haben.

Einmal erzählte Jesus die Geschichte von einem Bauern, der Samen auf seinem Feld aussäte.

Er warf den Samen aus, damit er reiche Ernte brachte.

„Manche Samenkörner fielen auf den Weg", sagte Jesus. „Deshalb sind sie nicht in die Erde gesunken, und Vögel kamen herangeflogen und fraßen sie. Diese Samen gingen nie auf."

Jesus fuhr fort: „Andere Samen fielen auf harten, felsigen Boden. Sie gingen auf, aber sie konnten keine tiefen, starken Wurzeln schlagen. In der heißen Sommersonne konnten die Keimlinge nicht genug Feuchtigkeit aus der Erde aufnehmen und verdorrten."

Jesus erzählte weiter. „Andere Samen landeten im Dornengestrüpp. Sie wuchsen, aber die Dornen wuchsen schneller und erstickten sie. Einige aber fielen auf guten, fruchtbaren Boden und brachten viel Frucht."

Jesus sagte seinen Zuhörern nicht, was das Gleichnis zu bedeuten hatte. Er wollte, dass sie selbst darauf kamen. Er wollte, dass sie darüber nachdachten, was Jesus ihnen erzählt hatte, damit sie es nicht so schnell vergaßen.

Später legte Jesus seinen Jüngern das Gleichnis aus. „Der Samen ist das Wort Gottes. Der Weg sind die Menschen, die Gottes Wort hören, die es aber nicht in sich aufnehmen. Der Teufel kommt dann wie die Vögel und nimmt es ihnen wieder weg und sie vergessen es. Der Samen, der auf den Felsen fällt, steht für die Menschen,

die zwar auf Gottes Wort hören, es aber nicht in sich aufnehmen. Wenn sie in Schwierigkeiten geraten, werden sie davon überwältigt. Der Samen, der ins Dornengebüsch fällt, steht für die Menschen, die Gottes Wort hören, die sich aber von eigensüchtigen Gewohnheiten und Wünschen ablenken lassen. Der Samen, der auf fruchtbaren Boden fällt, steht für die Menschen, die Gottes Wort in ihr Herz aufnehmen. Dort wächst es und bringt Früchte."

Jesus riet seinen Jüngern, die Gleichnisse in ihrem Herzen zu bewahren. „Man kauft sich auch keine Lampe und versteckt dann ihr Licht", sagte er. „Behaltet meine Lehren in eurem Herzen. Alles, was ich euch sage, wird eines Tages wahr werden!"

Matthäus, Kapitel 13; Markus, Kapitel 4; Lukas, Kapitel 8

Der verlorene Sohn

Eines Tages erzählte Jesus die Geschichte von einem Bauern, der zwei Söhne hatte. Der Bauer brachte seinen Söhnen alles über die Landwirtschaft bei, damit sie den Hof übernehmen konnten, wenn er starb. Eines Tages kam jedoch der jüngere der beiden Brüder zu seinem Vater.

„Ich habe nachgedacht, Vater", sagte er. „Ich bin erwachsen, und es ist Zeit, dass ich etwas von der Welt sehe. Es würde mir helfen, wenn du mir meinen Erbteil jetzt schon ausbezahlen könntet."

Der Bauer liebte seinen Sohn sehr, und so musste er nicht lange darüber nachdenken. Er zählte Hunderte von Silbermünzen in Säcke ab und gab sie seinem Sohn, der es kaum erwarten konnte, in die weite Welt hinauszuziehen.

„Danke, Vater", sagte er, packte seine Sachen und zog davon. „Du wirst es nicht bereuen."

Der Bauer sah seinem Sohn mit Tränen in den Augen nach.

Von nun an lebte der Sohn des Bauern in Saus und Braus. Er besuchte die schönsten Städte, aß immer auswärts und feierte rauschende Feste. Viele Menschen wollten seine Freunde sein, und sie halfen ihm gerne dabei, sein Geld auszugeben. Doch die Silberstücke wurden weniger, und mit den Silberstücken verschwanden nach und nach auch seine Freunde. Bald war er wieder alleine, weit von seinem Zuhause entfernt, und hatte nicht einmal mehr genug Münzen, um sich davon einen Laib Brot zu kaufen. Als dann auch noch eine schreckliche Dürre über das Land hereinbrach und es zu einer großen Hungersnot kam, konnte der Sohn des Bauern nicht einmal mehr um Essen betteln, da auch die anderen nicht mehr genug zu essen hatten. So arbeitete er zu einem erbärmlichen Lohn als Schweinehirt. Wenn er seine Miete bezahlt hatte, blieb ihm fast nichts mehr zum Leben übrig. An manchen Tagen war er sogar so hungrig, dass er am liebsten das Futter der Schweine gegessen hätte.

Irgendwann ertrug er es nicht
länger. „Ich gehe wieder nach
Hause", sagte er. „Ich werde
meinen Vater bitten, dass er
mir vergibt, dass ich so dumm
gewesen bin. Er wird bestimmt
wütend sein, aber vielleicht lässt
er mich als seinen Tagelöhner
arbeiten."

Mit zerrissenen Kleidern
kam der Sohn bei seinem
Vater an. Er konnte es
kaum glauben, wie sehr
sich sein Vater darüber
freute, dass er wieder da war. „Ich
habe mir solche Sorgen um dich gemacht und dich
jeden Tag vermisst, mein Sohn", sagte der Vater

und nahm ihn in die Arme und küsste ihn. Der Sohn schämte sich zutiefst, und Tränen liefen ihm über die Wangen, als er seinem Vater erzählte, wie es ihm ergangen war.

„Mach dir keine Gedanken", sagte der Vater zu seinem Sohn. „Du bist jetzt wieder zu Hause, und wir sind wieder zusammen. Darauf kommt es an."

Als später der ältere Sohn des Bauern nach einem langen und harten Arbeitstag nach Hause kam, sah er, dass auf dem Hof ein Fest gefeiert wurde, zu dem auch die Nachbarn eingeladen worden waren. Musik spielte, es wurde getanzt, und alle tranken Wein.

„Was ist denn hier los?", fragte der Sohn.

Der Bauer kam auf seinen Sohn zu und rief: „Wir haben Grund zum Feiern! Dein Bruder ist endlich wieder nach Hause gekommen!"

„Wieso ist das Grund zum Feiern?", fragte der ältere Sohn wütend. „Die ganzen Jahre über bin ich an deiner Seite geblieben. Ich habe mir meine Finger wund gearbeitet, und du hast dich kein einziges Mal bei mir dafür bedankt – ganz zu schweigen davon, dass du ein Fest für mich gefeiert hättest. Dann kam er daher, hat fast dein ganzes Vermögen durchgebracht, und du meinst, das ist ein Grund zum Feiern?"

„Du weißt gar nicht, was mir deine Treue bedeutet", sagte der Bauer zu seinem älteren Sohn und nahm ihn fest in die Arme. „Was mein ist, ist dein. Aber heute ist ein Freudentag, denn dein Bruder war für immer verloren, aber nun ist er zurückgekommen."

Lukas, Kapitel 15

Der Pharisäer und der Zöllner

Die Pharisäer waren Juden, die nach ganz speziellen, strengen religiösen Vorschriften lebten. Sie glaubten, dass sie etwas Besseres waren, weil sie ihre Regeln befolgten, und blickten auf alle anderen herab.

Jesus versuchte den Pharisäern oft zu verdeutlichen, dass sie eigentlich viele Sünden

begingen, ohne es überhaupt zu bemerken. Zum Beispiel die, dass sie sich für besser als andere hielten. Damit die Pharisäer einmal darüber nachdachten, erzählte er die folgende Geschichte.

„Es waren einmal zwei Männer, die gingen in den Tempel, um zu beten. Einer der Männer war ein Pharisäer." Die Pharisäer unter den Zuhörern lächelten zufrieden. „Und der andere Mann war ein Zöllner." Die Menschen buhten und pfiffen, denn die Zöllner galten als Verräter, weil sie für die Römer arbeiteten. „Der Pharisäer ging erhobenen Hauptes direkt in die Mitte des Tempels", fuhr Jesus fort, „sodass alle ihn gut sehen konnten. Er erhob seine Arme und seinen Blick zum Himmel und betete mit lauter, selbstzufriedener Stimme, sodass alle ihn gut hören konnten. ‚Gott, ich danke dir, dass du mich besser

gemacht hast als die gemeinen Sünder. Danke, dass du mich nicht zu einem Lügner oder Betrüger gemacht hast wie die meisten Menschen. Danke, dass du mir die Stärke gegeben hast, zweimal in der Woche zu fasten, und die Großzügigkeit, einen Teil meines Einkommens zu spenden. Danke, dass du mich nicht zu einem geldgierigen Zöllner gemacht hast, wie den dort drüben.'

Der Zöllner versteckte sich hinter einer Säule, damit die anderen ihn nicht sahen. Er kniete nieder, hielt den Kopf gesenkt und betete: ‚Herr, ich bin ein Sünder. Ich bitte dich um Vergebung, auch wenn ich weiß, dass ich deine Gnade nicht verdient habe.'"

Jesus blickte seine Zuhörer ernst an. „An jenem Tag war es der Zöllner, der mit dem Segen Gottes nach Hause ging. Denn diejenigen, die sich selbst erhöhen, werden eines Tages tief fallen, und diejenigen, die nicht viel von sich halten, werden erhöht werden."

Den Pharisäern gefiel diese Geschichte natürlich überhaupt nicht.

Lukas, Kapitel 18

Das Gleichnis vom anvertrauten Geld

Obwohl Jesus immer nur von einem Reich im Himmel predigte, hofften doch viele Menschen, dass er ein neues Reich auf der Erde errichten würde, dass er eine Armee aufstellen und gegen die Römer marschieren würde. Jesus wusste aber, dass er auf der Erde nie einen Krieg gewinnen würde. Tatsächlich würde er eines Tages

gefangen genommen, vor Gericht gestellt und dann hingerichtet werden. Das Reich Gottes würde am Ende der Welt kommen, nach dem Tag des Jüngsten Gerichts, und nur Gott wusste, wann dies sein würde. Deshalb erzählte Jesus den Menschen ein Gleichnis. Er hoffte, dass es ihnen helfen würde, das, was sie hatten, so gut sie konnten zu nutzen, während sie auf das Reich im Himmel warteten.

„Es war einmal ein Fürst, der sollte in ein weit entferntes Land reisen, das ihm gehörte", fing Jesus an. „Bevor er abreiste, rief er die drei Diener, denen er am meisten vertraute, und bat sie, sich während seiner Abwesenheit um seinen Besitz zu kümmern. Dem ersten Diener gab er fünf Säcke Gold. Dem zweiten Diener gab er zwei Säcke, und dem dritten Diener gab er einen Sack. ‚Geht klug mit meinem Geld um', bat er sie.

Der Mann brach auf und Jahre vergingen. Schließlich kehrte er zurück und war jetzt ein großer König. ‚Was habt ihr mit meinem Gold getan?', fragte er seine Diener.

Der erste Diener hatte all seine fünf Säcke Gold eingesetzt und fünf weitere dazuverdient. Der König war erfreut und machte ihn zum Verwalter über zehn seiner neuen Städte.

Der zweite Diener hatte seine beiden Säcke Gold zur Bank gebracht. Dort bekam er Zinsen für das Gold, sodass es sich verdoppelte und er am Ende vier Säcke Gold hatte. Dem König gefiel das und er machte ihn zum Verwalter von

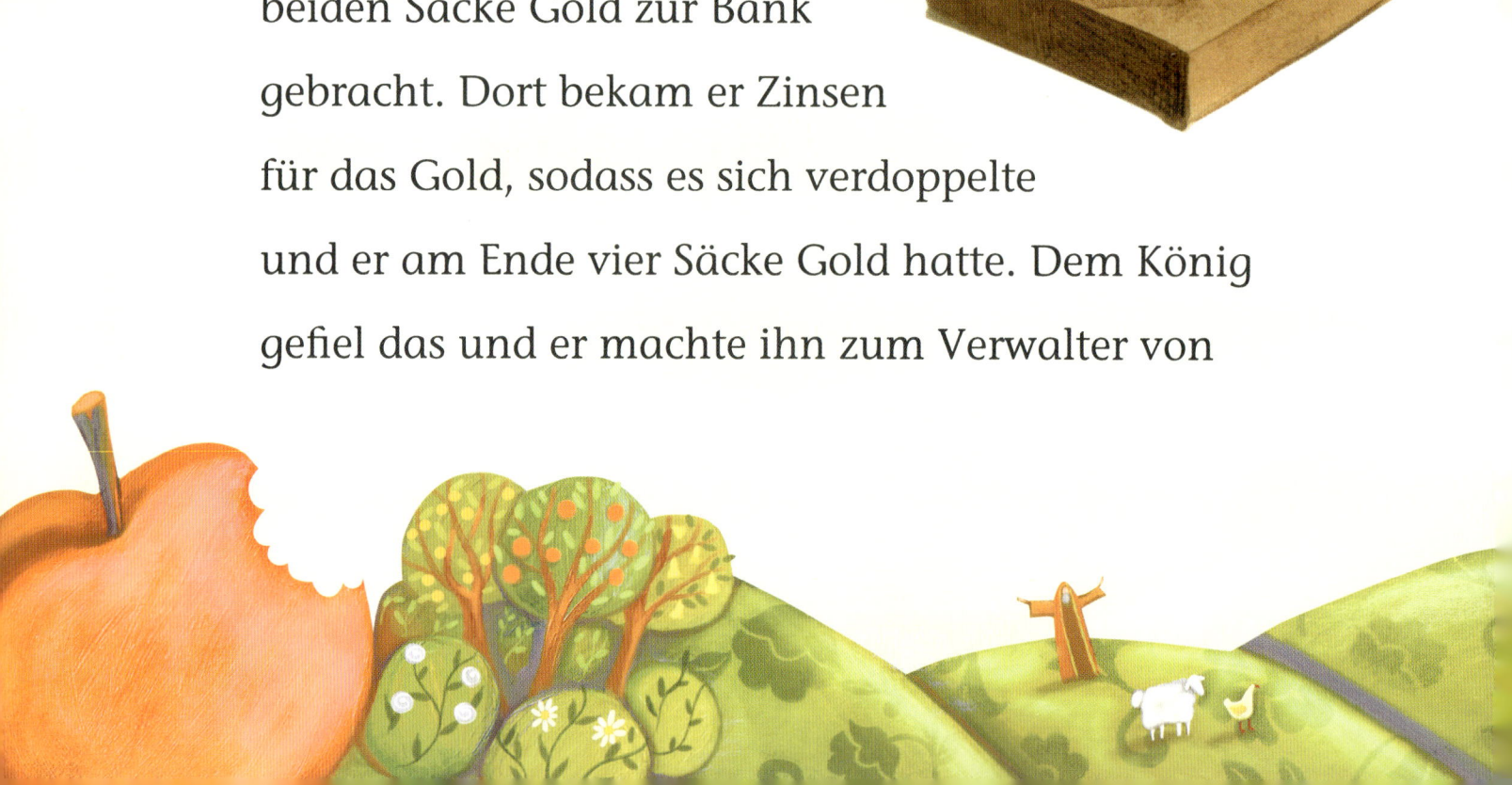

fünf seiner neuen Städte.

Der letzte Diener hatte seinen Sack Gold im Boden vergraben. ‚Willst du damit sagen, dass du nichts aus meinem Geschenk gemacht hast?‘, brüllte der König wütend. ‚Du hast es überhaupt nicht genutzt?‘ Er drehte sich zu seinen Wachen um. ‚Nehmt dem Mann das Gold ab, und werft ihn hinaus‘, befahl er. ‚Gebt das Gold dem Diener, der schon zehn Säcke hat. Diejenigen, die sich anstrengen, werden belohnt werden, aber diejenigen, die das nicht tun, werden auch das wenige, das sie haben, noch verlieren.‘“

Matthäus, Kapitel 25; Lukas, Kapitel 19

Der barmherzige Samariter

Die Menschen waren immer überrascht darüber, dass Jesus die religiösen Regeln in- und auswendig kannte. Die Hohepriester und Schriftgelehrten konnten es nicht fassen, dass Jesus alles einfach so wusste, während sie ihr ganzes Leben damit verbracht hatten, die Gesetze zu studieren. Sie waren neidisch auf ihn, stellten ihm

die schwierigsten Fragen und versuchten immer wieder, ihm eine Falle zu stellen.

Eines Tages kam ein Gesetzeslehrer zu Jesus und fragte ihn: „Was muss ich tun, um das ewige Leben zu gewinnen?"

„Was sagt dir das Gesetz, dass du tun sollst?", fragte Jesus daraufhin.

„Ich soll Gott von ganzem Herzen und mit ganzer Seele lieben und meinen Nächsten wie mich selbst", antwortete der Gesetzeslehrer selbstzufrieden.

„So ist es", sagte Jesus. „Wenn du es schon weißt, warum fragst du mich dann?"

„Aber wer ist mein Nächster?", fragte der Gesetzeslehrer und war sich sicher, dass Jesus die Frage nicht beantworten konnte.

„Ich will dir eine Geschichte erzählen", sagte

Jesus, ohne auch nur einen Augenblick zu zögern.

„Es war einmal ein Mann, der ging auf einer Straße von Jerusalem nach Jericho und wurde unterwegs von Räubern überfallen. Die Räuber schlugen ihn nieder, raubten ihm alles, was er besaß, und ließen ihn dann verletzt liegen. Einige Zeit später kam ein Priester denselben Weg entlang", fuhr Jesus fort. „Er fragte sich, warum dort ein Haufen Kleider mitten auf dem Weh lag, und wollte sich den Haufen genauer anzusehen. Sobald der Priester bemerkte, dass der Haufen ein Mann war, der blutend auf dem staubigen Weg

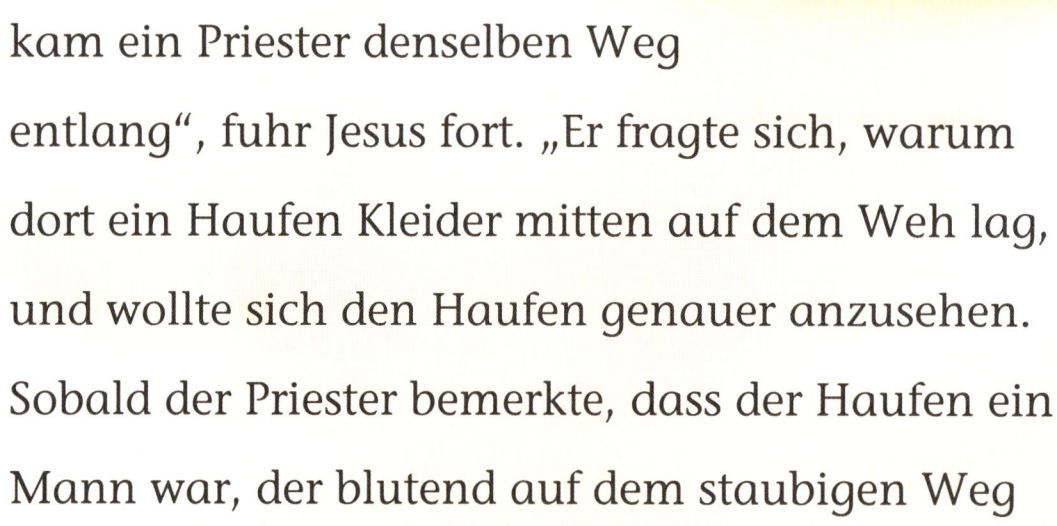

lag, ging er schnell wieder auf die andere Straßenseite. Er wollte nicht wissen, was passiert war, und wollte auch nichts damit zu tun haben."

Der Gesetzeslehrer war entsetzt. „Wie konnte ein so frommer Mann jemandem in Not nicht helfen?"

„Der nächste Reisende, der des Weges kam, war ein Levit", fuhr Jesus fort.

„Dieser Mann wird ihm sicher geholfen haben", sagte der Gesetzeslehrer. Die Juden aus dem Stamme Levi waren so gottesfürchtig, dass die Priester immer aus ihrem Stamm ausgewählt wurden.

„Der Levit schüttelte sich voller Ekel, als er den verletzten und blutenden Mann sah, der kaum noch am Leben war", fuhr Jesus fort. „Wie der Priester vor ihm ging auch er wieder auf die andere Straßenseite und lief davon."

Der Gesetzeslehrer konnte es nicht fassen. Ein frommer Levit hätte es besser wissen müssen.

„Dann kam ein Mann aus Samarien vorbei", verkündete Jesus.

Der Gesetzeslehrer verzog das Gesicht. Die Juden hassten die Samariter, weil sie ihnen ihr Land weggenommen hatten. Außerdem blickten sie auf die Samariter herab, weil sie nicht zu Gottes erwähltem Volk gehörten und Gott oft überhaupt nicht ehrten. Der Gesetzeslehrer dachte, dass der Samariter wahrscheinlich zu dem Mann gegangen war, um nachzusehen, ob er noch etwas bei sich hatte, das man stehlen konnte!

Aber Jesus fuhr fort: „Der Samariter war entsetzt, als er den verletzten Mann sah, und rannte schnell zu ihm hin. Er gab dem Mann Wasser, setzte ihn auf seinen Esel und führte ihn in die nächste Stadt. Dort brachte er ihn in eine Herberge und bezahlte den Wirt, damit er ihn bei sich aufnahm und sich um ihn kümmerte, bis es ihm wieder besser ging."

Der Gesetzeslehrer war vollkommen verblüfft.

„Was würdest du sagen, welcher von den drei Reisenden hat sich dem Verletzten am ehesten als Nächster erwiesen?", fragte Jesus.

„Der, der ihm geholfen hat", stotterte der Gesetzeslehrer.

„Genauso ist es!", sagte Jesus zu ihm. „Und jetzt geh, und verhalte dich wie der Samariter."

Lukas, Kapitel 10

Jesus und die Kinder

Eines Tages reisten die zwölf Jünger mit Jesus eine Straße entlang. Die Jünger fielen etwas zurück und unterhielten sich miteinander. Sie stritten sich darum, wer von ihnen eines Tages im Himmelreich der Größte sein würde. Sie dachten, dass Jesus sie nicht hören konnte, aber er hörte sie. Sie sagten Dinge wie: „Eigentlich sollte ich

der Größte sein, weil ich Jesus schon am längsten kenne …" Und: „Ich sollte der Größte sein, weil ich die meisten Wunder gewirkt habe …" Und: „Nein, ich werde ganz bestimmt der Größte sein, weil ich am meisten bete."

Jesus unterbrach sie nicht. Er hörte nur gut zu, was sie sagten. Als sie später an ihrem Ziel angekommen waren und sich niedersetzten, fragte er sie: „Worüber habt ihr euch unterwegs denn unterhalten?"

Den Jüngern war es unangenehm, dass Jesus mit angehört hatte, wie jeder versucht hatte, besser als der andere zu sein. Sie sagten nichts, aber Jesus wusste genau, worum es gegangen war. „Wenn ihr wirklich die Größten in Gottes Augen sein wollt, dann müsst ihr die anderen vor euch stellen", sagte er seinen Jüngern. Jesus streckte seine Hand

nach einem kleinen Mädchen aus, das gerade an ihm vorbeiging, und zog es zu sich: „Ihr müsst wie dieses Kind sein", sagte er. „Ihr müsst einfache, ehrliche Werte haben und wirklich Freude daran haben, anderen zu helfen. Blickt niemals auf die Kinder herab, denn sie sind selbstlos und geben gerne. Im Himmel werden sie zu den Größten gehören."

Die Jünger hatten jedoch bald schon wieder vergessen, was Jesus zu ihnen gesagt hatte. Einige Wochen später hatte Jesus den ganzen Tag lang gepredigt, als eine Gruppe von Menschen mit kleinen Kindern auf ihn zukam und ihn bat, sie zu segnen. Einige der Kinder klammerten sich an ihre Eltern, während andere umhersprangen und mit Jesus spielen wollten. Die Jünger Jesu befürchteten, dass sich Jesus durch die Kinder belästigt fühlen

würde, und so versuchten sie, die Kinder von Jesus fernzuhalten.

Aber Jesus hielt sie zurück: „Lasst die Kinder zu mir kommen!", wies er sie an. „Ihnen gehört das Himmelreich." Jesus nahm das jüngste Kind, ließ es auf seinen Schoß klettern und segnete sie alle. „Wenn ihr nicht reinen Herzens seid wie diese Kinder", ermahnte er seine Jünger erneut, „werdet ihr Gott nicht sehen."

Matthäus, Kapitel 18 und 19; Markus, Kapitel 9 und 10; Lukas, Kapitel 9 und 18

Jesus, der
gute Hirte

Jesus sagte einmal zu den Menschen, die sich um ihn versammelt hatten: „Was würde ein Hirte tun, wenn Wölfe seine Schafherde angreifen? Ein bezahlter Knecht, der nur arbeitet, um Geld zu verdienen, würde nicht bleiben und die Wölfe nicht verjagen. Er würde davonrennen, sich selbst in Sicherheit bringen, und die Schafe ihrem Schicksal

überlassen. Ich bin nicht wie dieser Hirte, ich bin der gute Hirte. Ich werde mich um meine Schafe kümmern, selbst wenn das bedeutet, dass ich für sie sterben muss. Ich habe auch Herden an anderen Orten, die ich zusammentreiben muss, damit ich mich um alle meine Tiere zusammen kümmern kann. Meine Schafe kennen meine Stimme. Sie werden auf mich hören und mir überallhin folgen. Gott liebt mich und wird mir mein Leben wiedergeben, weil ich mein Leben bereitwillig für meine Schafe geben werde – aus Liebe und nicht, weil ich etwas dafür bekomme."

Viele, die Jesus zugehört hatten, wunderten sich über seine Worte. „Er muss verrückt sein", murmelten einige. „Ob das Dämonen sind, die aus ihm sprechen?" Aber andere wussten, dass Jesus ihnen etwas Wichtiges erklären wollte.

„Natürlich ist er nicht verrückt!", verteidigten sie Jesus. „Jemand, der von Dämonen besessen ist, kann doch keine Wunder vollbringen und Menschen heilen!"

Jesus wollte, dass die Menschen wussten, dass er sich wirklich um sie sorgte. Und zwar nicht nur um die Juden, sondern um alle Menschen auf der Welt, die Gott nachfolgen wollten. Und er kündigte ihnen an, dass er bereit war, für sie zu sterben, wenn es sein musste. Jesus ermahnte die Menschen, einander zu lieben und sich gegenseitig zu helfen. Er sagte, dass Gott uns dafür nach dem Tod mit einem neuen Leben belohnen wird.

Johannes, Kapitel 10

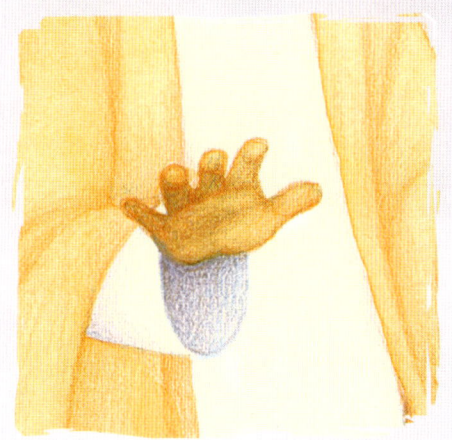

Jesus warnt vor der Zukunft

Als Jesus einmal mit seinen Jüngern eine Straße entlangging, fragte er sie: „Ich sage manchmal, dass ich der ‚Menschensohn' bin", fing er an. „Was glaubt ihr, meine ich damit?"

„Einige Leute glauben, dass du Johannes der Täufer bist", sagte ein Jünger und zuckte mit den Schultern.

„Oder der Prophet Elija, der von den Toten auferstanden ist", schlug ein anderer vor.

„Oder ein neuer, größerer Prophet", sagte ein dritter.

„Aber, was glaubt ihr, wer ich bin?", fragte Jesus.

„Ich glaube, dass du der Messias bist, der Sohn des lebendigen Gottes", erklärte Petrus überzeugt.

„Gott hat dich gesegnet", sagte Jesus zu Petrus. „Dein Name bedeutet ‚Fels'. Und du bist der Fels, auf den ich meine Kirche bauen werde. Ich werde dir die Schlüssel zum Himmel geben. Die Regeln, die du auf der Erde vorgeben wirst, sollen auch im Himmel gelten."

Jesus wandte sich den anderen zu und sagte mit ernster Stimme: „Es werden harte Zeiten anbrechen. Bald muss ich nach Jerusalem gehen, und ich werde viel leiden müssen." Jesus seufzte. „Am Ende werde ich getötet werden. Aber nach drei Tagen werde ich wieder auferstehen."

„Wollt ihr mir in diesen schwierigen Zeiten und in dem Leid beistehen? Würdet ihr sogar für mich sterben?", fragte Jesus seine Jünger. „Wenn ihr dazu bereit seid, dann kann ich euch nicht versprechen, dass ihr dafür in dieser Welt belohnt werdet, aber ich verspreche euch, dass es euch in der nächsten Welt gut gehen wird."

Die Jünger Jesu gingen mit ernsten, aber entschlossenen Herzen weiter.

Matthäus, Kapitel 16; Markus, Kapitel 8; Lukas, Kapitel 9

Die Verklärung Jesu

Eine Woche war vergangen, nachdem Jesus seinen Jüngern gesagt hatte, dass er der Messias war und dass schwere Zeiten anbrechen würden. Da bat er Petrus, Jakobus und Johannes, mit ihm auf einen hohen Berg an einen ruhigen Ort zu gehen, um ungestört mit ihnen zu beten. Die vier Männer waren bald in ein tiefes Gebet

versunken und achteten nicht darauf, was um sie herum geschah. Doch plötzlich hörten Petrus, Jakobus und Johannes auf zu beten und sahen zu Jesus hinüber. Jesus war wie versteinert. Sein Körper wirkte leblos wie eine Statue. Jesu Gesicht wurde hell erleuchtet, und seine Kleidung war strahlend weiß, bis schließlich sein ganzer Körper von einem einzigen blendenden Licht umgeben war. Als sie ihn ansahen, schmerzten ihre Augen so sehr, dass sie sich die Hände vor die Augen hielten.

Plötzlich kamen noch zwei andere Gestalten hinzu, die ebenfalls von einem hellen Licht umgeben waren. Es waren die Propheten Mose und Elija. Petrus, Jakobus und Johannes hörten, wie Jesus mit den beiden Propheten darüber sprach, was ihn in Jerusalem erwarten würde und dass er am Ende getötet werden würde.

Dann erschien auf einmal eine große dunkle Wolke über Jesus. „Das ist mein Sohn, den ich erwählt habe. Hört auf ihn!", rief eine laute Stimme aus der Wolke. Die Jünger waren erschüttert und hatten große Angst.

Als sie wieder aufblickten, sah Jesus aus wie zuvor. „Erzählt niemandem, was ihr gesehen habt", wies sie Jesus an, „bis ich gestorben und von den Toten auferstanden bin."

Matthäus, Kapitel 17; Markus, Kapitel 9; Lukas, Kapitel 9

Der Einzug in Jerusalem

In der Woche vor dem großen Paschafest reisten Juden von weit her nach Jerusalem zu den Feierlichkeiten, die mehrere Tage andauerten. Die Hohenpriester und Pharisäer waren gespannt, ob Jesus es wagen würde, ebenfalls in die Stadt zu kommen. Schon seit Langem schmiedeten sie Pläne, Jesus festnehmen und hinrichten zu lassen, weil er in ihren Augen das Volk nur aufwiegelte und auf Abwege führte. Sie vermuteten, dass Jesus versuchen würde, sich unter die Menge zu mischen und unbemerkt in die Stadt zu kommen. Deshalb ließen sie in ganz Jerusalem nach ihm Ausschau halten.

Jesus hatte jedoch nicht vor, sich heimlich nach Jerusalem zu schleichen. Er wollte vor den Augen aller feierlich dort einziehen. Als er und seine Jünger sich Jerusalem näherten, schickte er zwei seiner Jünger nach Betfage am Ölberg voraus, um einen Esel zu holen, auf dem er reiten konnte. „Der Esel, den ich meine, ist an eine Tür angebunden", sagte er ihnen. „Bindet ihn los, und bringt ihn zu mir. Wenn jemand etwas dagegen hat, dann sagt, dass ich ihn brauche, und sie werden euch mit dem Esel ziehen lassen."

Die Jünger fanden den Esel genauso, wie
Jesus es ihnen beschrieben hatte. Als die Besitzer
hörten, für wen der Esel war, brachten sie ihn
höchstpersönlich zu Jesus. Sie legten ihre Kleider
auf den Rücken des Tieres, damit der Sattel
bequemer für ihn war. Und obwohl vorher noch
nie jemand auf dem Tier gesessen hatte, ließ
es Jesus geduldig aufsitzen.

Jesus streichelte den Esel am Kopf und machte
sich dann auf nach Jerusalem. Sobald die
Menschen ihn kommen sahen, jubelten sie ihm
zu und sangen und tanzten vor Freude. Die alten
Propheten hatten vorhergesagt, dass der Messias
auf einem Esel nach Jerusalem reiten würde. Zum
ersten Mal wies Jesus damit in aller Öffentlichkeit
darauf hin, dass er der Erretter war, auf den sie
alle so lange gewartet hatten.

„Hosanna!", riefen sie, während sie auf der Straße ihre Kleider auslegten und Palmzweige auf den Weg streuten. „Gesegnet ist, der da kommt im Namen des Herrn. Hosanna in der Höhe!"

Die Menschen drängten sich auf die Straßen, um Jesus auf seinem Weg nach Jerusalem zu begrüßen.

„Das ist die Höhe!", brüllten die aufgebrachten Pharisäer Jesus zu. „Du lässt diese Menschen glauben, dass du der Messias bist!"

„Auch wenn sie schweigen", antwortete Jesus ihnen, „so würden mich selbst die Steine lautstark willkommen heißen."

Matthäus, Kapitel 21; Markus, Kapitel 11; Lukas, Kapitel 19; Johannes, Kapitel 11 und 12

Jesus und die Händler im Tempel

Wie alle gläubigen Juden ging Jesus am Paschafest zum Beten in den großen Tempel. Eigentlich hatte er erwartet, dass er dort viele Juden vorfinden würde, die tief ins Gebet versunken waren oder still durch die Gänge gingen, damit sie die anderen Gläubigen nicht beim Beten störten. Dann musste er aber entsetzt

feststellen, dass das heilige Gebäude ein einziger großer Marktplatz war.

Egal, wohin er auch blickte, überall waren Stände, an denen Tauben oder andere Opfertiere verkauft wurden. Die Händler priesen lautstark ihre Waren an und versuchten, einander zu übertreffen. Die Menschen feilschten mit ihnen, um den besten Preis zu bekommen, während um sie herum Tauben gurrten und Lämmer blökten. Es gab Stände von Geldwechslern, die mit den Gläubigen verhandelten und ausländisches Geld in jüdische Schekel wechselten. Die Händler berechneten Wucherpreise, und die Gläubigen bezahlten die Preise, weil am Paschafest jeder im Tempel ein Tieropfer darbringen und Schekel opfern musste. Teilweise benutzten die Händler der Stadt den Tempelhof und die Gänge des Tempels sogar als Durchgang, um von einer

Seite Jerusalems auf die andere zu gelangen.

Als Jesus mitten im Tempel stand und den Lärm und das Gefeilsche hörte, da wurde er wütend. Er warf die Tische und Stände der Händler um, öffnete die Taubenkäfige und band die Lämmer los. „Das ist das Haus Gottes, aber ihr habt daraus eine Räuberhöhle gemacht!", schrie er und vertrieb alle Händler aus dem Tempel, bis nur noch die Juden da waren, die wirklich zu Gott beten wollten.

Kurze Zeit später waren die Höfe des Tempels wieder voller Menschen. Nun waren es aber Menschen, die gekommen waren, um Jesus predigen zu hören.

Matthäus, Kapitel 21; Lukas, Kapitel 19

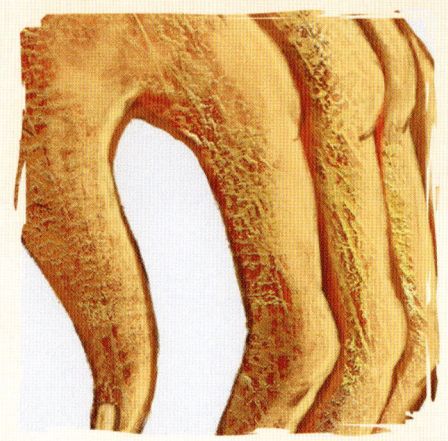

Jesus wendet sich gegen die Pharisäer

Während des Paschafestes predigte Jesus jeden Tag vor vielen Menschen im Tempel und heilte Lahme und Blinde. Die jüdischen Hohenpriester und Ältesten des Volkes waren darüber sehr aufgebracht. „Wer gibt dir das Recht, das alles zu sagen und zu tun?", fragten sie. „Hörst du nicht, was die Menschen über dich sagen?

Sie glauben, dass du der Messias bist! Hör auf damit." Sie schickten fromme Männer wie die Pharisäer und die Sadduzzäer zu ihm, die Jesus in die Falle locken sollten, damit er das Gesetz brach und sie ihn festnehmen konnten. Jesus aber stellte sich ihren Fragen und verblüffte sie jedes Mal mit seinen Antworten.

„Fromme Männer wie die Pharisäer sagen, dass ihr den Regeln des Mose folgen sollt", erklärte er seinen Zuhörern eines Tages. „Das stimmt. Hört auf das, was sie sagen. Aber tut nicht das, was sie tun, denn sie tun nicht, was sie sagen."

Da fingen die Menschen in der Menge an, sich heftig zu streiten – die jüdischen Anführer und ihre Anhänger auf der einen Seite und Jesus und seine Jünger auf der anderen Seite. Jesus fuhr fort: „Den frommen Männern ist der Schein wichtig.

Sie beten gerne laut vor allen anderen, damit die Menschen sie bewundern. Sie tragen gerne aufwendige Gewänder, damit man sie in der Menge sofort erkennt. In der Synagoge sitzen sie ganz vorne und erwarten, dass man sie ‚Lehrer' nennt. Aber ich sage euch, ihr habt nur einen Lehrer – euren Vater im Himmel, und vor ihm sind alle gleich. Wer sich selbst für besser als die anderen hält, wird eines Tages merken, dass er der Niedrigste ist. Und diejenigen, die anderen dienen, werden eines Tages die Höchsten sein."

Jesus kritisierte die jüdischen Ältesten noch für viele andere Dinge und sorgte dadurch immer wieder für heftige Streitgespräche bei seinen Zuhörern. „Schaut euch diese Frau dort drüben an", versuchte Jesus, es ihnen zu erklären. Er zeigte auf eine kleine, alte Frau in abgetragenen

Kleidern, die zum Opferkasten des Tempels ging. Mit knorrigen und zitternden Fingern ließ sie ein paar Kupfermünzen hineinfallen und betete.

„Diese alte Frau ist besser als all eure jüdischen Anführer zusammen", verkündete Jesus. „Sie opfern nur, was sie übrig haben, und behalten das meiste für sich selbst. Diese Frau hat fast nichts, und selbst davon opfert sie noch etwas für Gott."

Die jüdischen Anführer hatten nun genug. Jesus musste gefangen genommen werden. Aber wie sollten sie es anstellen? Im Tempel war er ständig von Menschen umgeben. Und nachts hielt er sich außerhalb der Stadt auf, in Betanien.

Matthäus, Kapitel 21 und 23; Markus, Kapitel 12; Lukas, Kapitel 19 und 21

Das letzte Abendmahl

Sooft die Hohenpriester auch versucht hatten, Jesus loszuwerden: Sie hatten es einfach nicht geschafft. Deshalb versammelten sie sich eines Abends im Haus des Hohepriesters Kajaphas. Sie unterhielten sich gerade aufgeregt darüber, was sie als Nächstes tun könnten, als es plötzlich an der Tür klopfte.

Ein Diener führte einen höchst unerwarteten Gast herein. Es war Judas Iskariot, einer der zwölf Jünger Jesu und einer seiner besten Freunde.

„Ich bin hier, weil ich euch geben kann, was ihr wollt", sagte er, während seine Augen kalt funkelten. „Jesus von Nazaret – wie viel ist er euch wert?"

Die Hohenpriester trauten ihren Ohren nicht. Sie wussten nicht, was Judas zum Verräter gemacht hatte – aber es war ihnen auch egal. Hastig steckten sie ihre Köpfe zusammen und verkündeten dann: „Dreißig Silberstücke."

Ohne ein weiteres Wort streckte Judas die Hand aus, und Kajaphas zählte die Münzen hinein. Von nun an wich Judas nicht mehr von Jesu Seite und wartete nur noch auf die Gelegenheit, ihn den Hohenpriestern ausliefern zu können.

Aber Jesus wusste alles, und so bereitete er sich schweren Herzens auf das letzte Mahl mit seinen Jüngern vor – das Paschamahl. Er traf sich heimlich mit seinen zwölf Jüngern und sagte ihnen erst kurz vorher, wo sie sich versammeln würden, damit die jüdischen Hohenpriester ihn nicht ausfindig machen konnten.

Als sie alle beisammensaßen, machten die Jünger sehr ernste Gesichter. Erst zwei Tage zuvor hatte Jesus ihnen vorhergesagt, dass er in die Hände seiner Feinde fallen und getötet werden würde. Und nachdem bisher alles, was Jesus vorhergesagt hatte, wahr geworden war, waren sie sehr besorgt.

Während sie alle um den Tisch versammelt waren, band sich Jesus ein Leinentuch um die Hüfte und füllte eine Schale mit Wasser. Die Jünger

konnten es nicht glauben, als sie bemerkten, dass er ihnen den Staub von den Füßen waschen wollte – was normalerweise nur die einfachsten Diener taten. Vor allem Petrus war ganz außer sich, kniete vor Jesus nieder und versuchte, ihn davon abzuhalten, aber Jesus bestand darauf. „Ich gebe euch allen ein Beispiel", sagte Jesus danach. „Stellt die anderen stets vor euch selbst."

Als es Zeit zum Abendessen war, nahm Jesus das Brot und bat um Gottes Segen dafür. „Nehmt und esst. Das ist mein Leib", sagte er mit trauriger Stimme, „der für euch gegeben wird." Er brach das Brot und gab es seinen Jüngern zu essen. Dann goss Jesus einen Kelch Wein ein und segnete ihn. „Das ist mein Blut", verkündete er. „Gott gibt euch damit ein neues Versprechen. Mein Blut wird vergossen, damit den Menschen ihre Sünden

vergeben werden." Und so nahm ein Jünger nach dem anderen den Kelch und trank daraus.

Während sie danach gemeinsam die anderen Speisen herumreichten, die noch auf dem Tisch standen, seufzte er tief. „Ich weiß, dass einer von euch mich verraten wird ", sagte er leise.

Die Jünger um den Tisch waren betroffen und erschüttert, aber Jesus ging nicht weiter darauf ein. Die Jünger aßen daraufhin nur zögerlich weiter, und Petrus murmelte zu Johannes, der neben Jesus saß: „Frag ihn, wen von uns er meint."

Johannes lehnte sich zu Jesus hinüber und flüsterte ihm ins Ohr.

Und Jesus flüsterte zurück: „Der, dem ich dieses Brot geben werde."

Johannes sagte es Petrus, und beide sahen zu, wie Jesus ein Stück Brot abbrach, eintauchte und es Judas Iskariot gab. „Tu, was du tun musst", sagte Jesus zu seinem treulosen Freund. „Aber tu es bald."

Judas stand ohne ein weiteres Wort vom Tisch auf und verließ den Raum.

Matthäus, Kapitel 26; Markus, Kapitel 14; Lukas, Kapitel 22; Johannes, Kapitel 13

Im Garten Getsemani

Nachdem Jesus sein letztes Mahl mit seinen Jüngern geteilt hatte, lehnte er sich zurück und blickte sich im Kreis seiner Jünger um.

„Ich gebe euch ein neues Gebot", sagte er.

„Liebt einander, wie ich euch geliebt habe. Dann werden alle erkennen, dass ihr meine Nachfolger seid."

„Herr, den ganzen Abend redest du, als würdest du von uns gehen", sagte Petrus.

„Ja, das stimmt", antwortete Jesus sanft. „Ich gehe von euch, und da, wo ich hingehe, kannst du mir nicht folgen – zumindest noch nicht."

„Warum kann ich dir jetzt noch nicht folgen?", fragte Petrus entsetzt. „Ich bin bereit, für dich zu sterben."

Aber Jesus lächelte traurig. „Bist du das wirklich?", fragte er. „Noch bevor diese Nacht vorüber ist und der Hahn dreimal gekräht hat, wirst du mich dreimal verleugnet haben."

„Niemals", protestierte Petrus, dem es vor Trauer die Kehle zuschnürte. „Niemals", erklärten auch die anderen Jünger.

„Seid nicht traurig", versuchte Jesus sie zu trösten. „Ich bereite für euch einen Platz im Haus

meines Vaters. Danach werde ich für kurze Zeit wieder bei euch sein, bevor ich für immer von euch gehen muss. Und selbst dann, wenn ihr mich nicht mehr sehen könnt, werde ich doch immer in euren Herzen weiterleben. Später, wenn die Zeit gekommen ist, werdet ihr mir folgen, und wir werden wieder zusammen sein. Bis dahin tut das, was ich heute getan habe, zu meinem Gedächtnis. Lebt in Frieden miteinander, und freut euch mit mir, dass ich bei meinem Vater sein werde."

Jesus sah sich im Kreise seiner Jünger um und blickte in ihre düsteren Gesichter.

„Jetzt kommt", sagte er leise. „Lasst uns zum Ölberg gehen. Ich möchte noch eine Weile im Garten Getsemani beten."

Während sie gemeinsam durch das Mondlicht gingen, gab er den Jüngern noch andere wichtige

Anweisungen, weil er wusste, dass ihm nur noch wenig Zeit mit ihnen blieb. Als sie schließlich den Eingang des Gartens Getsemani erreichten, sah Jesus, dass seine Jünger erschöpft waren. „Ruht euch hier etwas aus, während ich bete", sagte er. Dann wandte er sich an Petrus, Jakobus und Johannes und sagte: „Ich weiß, dass ihr müde seid, aber würdet ihr mit mir kommen?"

Die drei gingen nur zu gerne mit ihm. Noch nie zuvor hatten sie ihn so besorgt und erschöpft gesehen.

„Mir bricht das Herz", seufzte Jesus schwer, als sie ein Stück des Weges gegangen waren. „Bleibt ihr hier und wartet auf mich, während ich bete?"

Petrus, Jakobus und Johannes mussten mit ansehen, wie Jesus ein Stück weiterging, sich dann

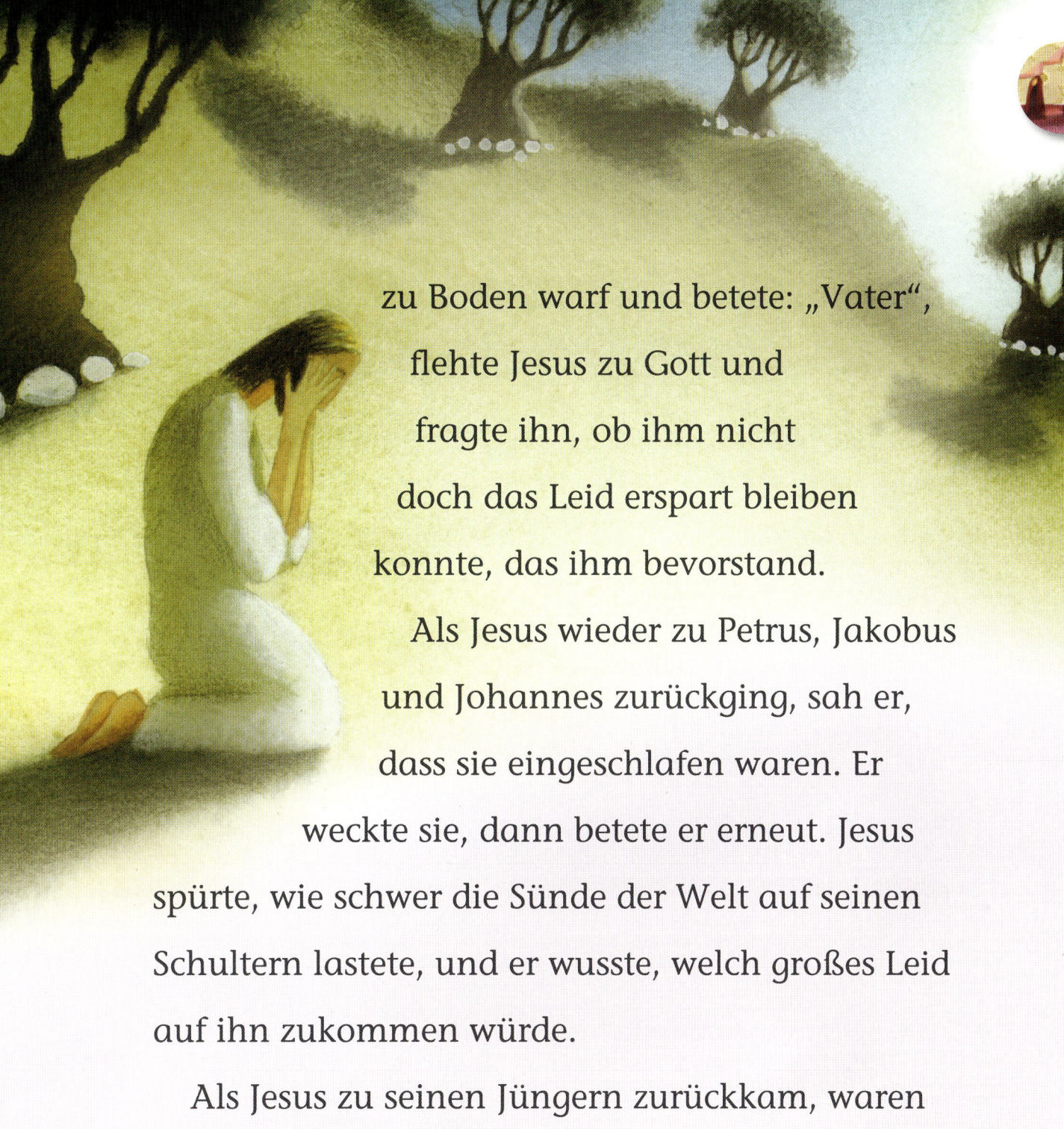

zu Boden warf und betete: „Vater",
flehte Jesus zu Gott und
fragte ihn, ob ihm nicht
doch das Leid erspart bleiben
konnte, das ihm bevorstand.

Als Jesus wieder zu Petrus, Jakobus
und Johannes zurückging, sah er,
dass sie eingeschlafen waren. Er
weckte sie, dann betete er erneut. Jesus
spürte, wie schwer die Sünde der Welt auf seinen
Schultern lastete, und er wusste, welch großes Leid
auf ihn zukommen würde.

Als Jesus zu seinen Jüngern zurückkam, waren
sie wieder eingeschlafen.

Ein drittes Mal betete Jesus zu Gott und sagte
ihm, dass er bereit war, das Leid auf sich zu

nehmen, damit alle Menschen gerettet würden und eines Tages bei Gott sein konnten.

Als Jesus sein Gebet beendet hatte, schliefen Petrus, Jakobus und Johannes noch immer.

Plötzlich tauchte in der Dunkelheit Judas Iskariot mit einer Schar von Männern auf. Vom Ziehen der Schwerter, dem Kettenrasseln und dem flammenden Licht der Fackeln wachten nun auch die Jünger auf und waren vollkommen verblüfft. „Meister!", sagte Judas leise zu Jesus und küsste ihn.

Sobald die Wachen das vereinbarte Zeichen, den Kuss, sahen, ergriffen sie Jesus. Nach einem kurzen Handgemenge rannten die Jünger erschrocken davon und flüchteten sich in die Dunkelheit.

Matthäus, Kapitel 26; Markus, Kapitel 14; Lukas, Kapitel 22;
Johannes, Kapitel 13, 14 und 18

Petrus verleugnet Jesus

In jener Nacht wurde Jesus von den bewaffneten Soldaten nach Jerusalem gebracht. Petrus war ihm im Schutz der Dunkelheit in einiger Entfernung gefolgt. Er hatte Jesus nicht aus den Augen gelassen, bis sie schließlich im Palasthof des Hohepriesters Kajaphas ankamen. Dort wurden die großen Palasttüren geöffnet, Jesus wurde hineingezerrt,

und die Türen schlossen sich hinter ihm, sodass Petrus ihm nicht mehr weiter folgen konnte.

Petrus fühlte sich unglaublich hilflos! Er war es gewesen, der versucht hatte, Jesus im Garten Getsemani mit seinem Schwert zu verteidigen, und der dabei einem Soldaten ein Ohr abgeschlagen hatte. Jesus hatte ihn angeschrien, damit er aufhörte, und ihm gesagt, dass Gewalt falsch ist. Er hatte das Ohr des Mannes berührt und es war sofort wieder verheilt. Jetzt konnte Petrus nur noch abwarten, was passieren würde.

Mit gesenktem Kopf ging er zu einer kleinen Gruppe von Knechten und Mägden, die mitten im Hof um ein Feuer standen. Er setzte sich leise ans Feuer, versuchte, keine Aufmerksamkeit auf sich zu ziehen, und fragte sich, wie es Jesus wohl gerade im Palast des Hohepriesters erging.

„Ich kenne dich", hörte er auf einmal eine Stimme. Petrus antwortete nicht darauf. „Du bist ein Freund von diesem Gefangenen, von Jesus aus Galiläa", sagte eine Magd und zeigte direkt auf ihn.

„Nein, das bin ich nicht", sagte Petrus, und sein Herz schlug plötzlich schneller. „Du musst mich mit jemand anderem verwechseln."

„Doch, du bist es. Ich habe dich auch mit ihm gesehen", sagte eine andere Magd, und plötzlich starrten alle Petrus an und flüsterten miteinander.

„Ich sage euch doch, ich kenne ihn nicht", sagte Petrus, während seine Stimme lauter wurde, als er es eigentlich wollte.

„Du musst ein Nachfolger von diesem Jesus von Nazaret sein", sagte ein Mann direkt neben ihm. „Du sprichst genau wie er."

„Ich habe euch doch gesagt, dass ich diesen Menschen nicht kenne", schrie Petrus und ging davon. Kurz darauf fing es an zu dämmern, und man hörte das Krähen eines Hahns.

Petrus blieb wie angewurzelt stehen, als er sich plötzlich an Jesu Worte erinnerte: „Noch bevor diese Nacht vorüber ist und der Hahn dreimal gekräht hat, wirst du mich dreimal verleugnet haben." Petrus ging hinaus und weinte bitterlich.

Matthäus, Kapitel 26; Markus, Kapitel 14; Lukas, Kapitel 22; Johannes, Kapitel 18

Jesus
vor Gericht

Im Palast des Kajaphas wurde Jesus von Hannas befragt, der ebenfalls einmal Hohepriester gewesen war. Hannas fragte Jesus, was er von den heiligen Schriften der Juden hielt, welche Wunder er vollbracht hatte und wer er seiner Meinung nach war.

Als Jesus ihm nicht antwortete, wurde er in einen Raum mit vielen anderen jüdischen

Schriftgelehrten und Ältesten gebracht. Sie ließen falsche Zeugen auftreten, die Jesus beschuldigten, Dinge gesagt und getan zu haben, die gegen das jüdische Gesetz waren. Aber die Zeugen widersprachen sich gegenseitig.

Schließlich zischte Kajaphas: „Ich befehle dir, schwöre unter Eid, ob du glaubst, dass du der Sohn Gottes bist."

„Das bin ich", antwortete Jesus gefasst, „und eines Tages werdet ihr den Menschensohn zur Rechten des Vaters sitzen sehen."

„Das ist Gotteslästerung!", brüllte Kajaphas. Gotteslästerung wurde damals mit dem Tod bestraft.

Die Wächter verbanden Jesus die Augen. Dann schlugen sie ihn und riefen: „Jetzt sage uns, Messias, wer hat dich geschlagen?"

Am nächsten Morgen ließen sie Jesus vor den römischen Statthalter Pontius Pilatus bringen. Denn nur er konnte eine Hinrichtung anordnen.

In der ganzen Stadt wurde schnell bekannt, dass Jesus zu Pilatus gebracht worden war, und eine große Menge versammelte sich vor dem Gerichtsgebäude.

Auch Pilatus hatte viele Fragen an Jesus. „Bist du wirklich ein König?", wollte er wissen. „Hast du einen Aufstand gegen die römische Regierung geplant?"

Aber egal, welche Fragen Pilatus Jesus auch stellte, er konnte keinen Grund finden, ihn zu verurteilen. Deshalb schickte er Jesus zu Herodes, dem Statthalter von Galiläa, der zu dieser Zeit gerade in Jerusalem war. Doch auch Herodes konnte nichts finden, weshalb Jesus zum Tode

verurteilt werden sollte, und so wurde er zu Pilatus zurückgebracht. In der Zwischenzeit hatte die Frau des Pilatus geträumt, dass Jesus unschuldig war. Sie ließ Pilatus ausrichten: „Halte dich da raus."

Und so ging Pilatus hinaus auf den Balkon des Gerichtsgebäudes und verkündete der wartenden Menge: „Dieser Mann hat nichts getan, womit er den Tod verdient hätte. Er soll nur ausgepeitscht werden, und dann kann er gehen."

Mittlerweile hatten die jüdischen Hohenpriester und Ältesten sich unter die Menschen gemischt und die Menge aufgewiegelt. Als Pilatus gerade wieder in das Gerichtsgebäude gehen wollte, riefen Menschen aus der Menge ihm zu: „Töte ihn! Töte Jesus von Nazaret!"

Dem römischen Statthalter war nicht wohl bei dem Gedanken. Da fiel ihm ein, dass der Statthalter am Paschafest immer einen Gefangenen begnadigen konnte und dass das Volk darüber entscheiden konnte, wer begnadigt werden sollte. Er wusste, dass im Gefängnis noch ein Mörder namens Barabbas saß. Pilatus war sich sicher, dass die Menge lieber Jesus begnadigen würde als so einen gemeinen Mörder.

„Wen soll ich freilassen?", fragte Pilatus die Menge.

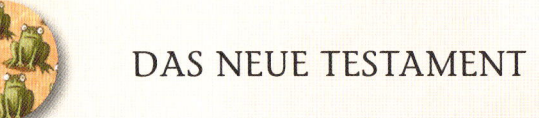

Er traute seinen Ohren nicht, als er die Menge rufen hörte: „Barabbas!"

Nun wies Pilatus seine Wachen an, Jesus herauszubringen. Die Soldaten hatten Jesus so heftig geschlagen, dass ihm das Blut über den Rücken lief. Sie hatten ihn bespuckt und verspottet, weil er von sich behauptete, der König der Juden zu sein. Sie hatten ihm eine Dornenkrone aufgesetzt und ihm einen Mantel umgelegt.

Als Jesus heraustrat, jubelte die Menge.

Pilatus erkannte, dass er nichts mehr ausrichten konnte, und so ließ er sich Wasser und ein Handtuch bringen und wusch sich vor den Augen aller die Hände. „Ich wasche mich vom Blut dieses Mannes rein", verkündete er.

Matthäus, Kapitel 26 und 27; Markus, Kapitel 14 und 15;
Lukas, Kapitel 22 und 23; Johannes, Kapitel 18 und 19

Die Kreuzigung

Jesus war in Ketten abgeführt worden, hatte stundenlange Befragungen überstanden, war von den Juden geschlagen und von den Wachen des Pilatus ausgepeitscht worden.

Zwei römische Soldaten hoben Jesus ein großes, massives Holzkreuz auf die Schulter. Jesus schleppte das Kreuz durch die Straßen von Jerusalem hinauf

auf den Hügel außerhalb der Stadt, wo er und zwei andere Verbrecher hingerichtet werden sollten.

Tausende von Menschen säumten die Straßen und sahen zu, wie Jesus sich tapfer vorwärtskämpfte, einen Schritt nach dem anderen machte und dann doch vollkommen erschöpft im Staub der Straße zusammenbrach. Wütend zogen die Wachen einen Mann aus der Menge, der Simon von Zyrene hieß, und wiesen ihn an, das Kreuz für Jesus zu tragen.

Immer wieder wurde Jesus von den Menschen am Straßenrand bespuckt und beschimpft. Jesus sah aber auch die sorgenvollen Gesichter vieler seiner Freunde, Jünger und Nachfolger. Viele Frauen weinten. „Weint nicht wegen mir", sagte

Jesus, „weint wegen euch und eurer Kinder und wegen der Zerstörung, die kommen wird."

Schließlich kamen sie an dem Ort an, an dem Jesus gekreuzigt werden sollte. Er hieß Golgota. Das bedeutet „Schädelhöhe". Ein Soldat nagelte Jesus ans Kreuz. „Vater, vergib ihnen, denn sie wissen nicht, was sie tun", stöhnte Jesus.

Eine Tafel wurde über seinem Kopf angebracht, auf der stand in drei Sprachen: „Jesus von Nazaret, der König der Juden."

„Das sollte dort nicht stehen", wandten einige der Hohenpriester ein. „Dort sollte stehen: ‚Dieser Mann hat behauptet, der König der Juden zu sein.'"

Da rief der römische Statthalter Pilatus zornig aus: „Ich habe es so schreiben lassen, wie es ist, und so soll es auch bleiben!"

Die jüdischen Hohenpriester und Schriftgelehrten verspotteten Jesus, als er am Kreuz hing. „Du hast gesagt, dass du der Sohn Gottes bist – dann rette dich selbst!"

Als die beiden Verbrecher neben Jesus ebenfalls an ihren Kreuzen hochgezogen wurden, sagte einer der beiden höhnisch: „Ja, rette dich selbst und uns gleich mit!"

„Wie kannst du es wagen?!", rief der zweite Verbrecher. „Wir haben unsere Strafe verdient, aber Jesus ist unschuldig. Herr, denk an mich, wenn du in dein Reich kommst."

„Das verspreche ich dir", sagte Jesus zu ihm. „Noch heute wirst du mit mir im Paradies sein."

Obwohl es Mittag war, brach eine Finsternis über das ganze Land herein. Als Maria, die Mutter Jesu, ihren Sohn am Kreuz hängen sah, brach ihr

fast das Herz. Bei ihr standen Johannes, Maria aus Magdala und Salome.

Da sagte Jesus mit leiser Stimme zu Maria: „Mutter, kümmere dich um Johannes, als wäre er dein eigener Sohn." Und zu Johannes: „Johannes, kümmere dich um meine Mutter, als wäre sie deine eigene Mutter."

Drei Stunden lang hing Jesus am Kreuz. Dann erhob er den Blick zum Himmel und rief laut aus: „Mein Gott, warum hast du mich verlassen?" Gleich lief jemand mit einem Stock herbei und steckte einen Schwamm darauf, der mit Essig getränkt war. Er hielt Jesus den Schwamm an den Mund, damit er etwas trinken konnte. Da rief Jesus: „Vater, in deine Hände lege ich meinen Geist. Es ist vollbracht." Der Kopf sank ihm auf die Brust, und er starb.

Im selben Moment erbebte und erzitterte die Erde, und Felsen spalteten sich. Die Menschen sagten, dass der große Vorhang im Tempel von oben bis unten entzweiriss. Andere berichteten, dass sie sahen, wie sich Gräber öffneten und Tote aus den Gräbern kamen.

Ein römischer Hauptmann am Fuß des Kreuzes blickte nach oben und sagte leise vor sich hin: „Dieser Mann war wirklich Gottes Sohn!"

Matthäus, Kapitel 27;
Lukas, Kapitel 23;

Markus, Kapitel 15;
Johannes, Kapitel 19

Das leere Grab

An dem Abend, nachdem Jesus gekreuzigt worden war, kam ein wohlhabender Jude namens Josef von Arimathäa zu Pontius Pilatus und bat ihn, den Leichnam Jesu begraben zu dürfen. Pilatus willigte ein, und so ging Josef mit seinem Freund Nikodemus zurück nach Golgota, wo die Frauen noch immer am Fuß des Kreuzes

saßen und weinten. Vorsichtig nahmen Josef und Nikodemus Jesus vom Kreuz. Sie hüllten ihn mit wohlriechenden Kräutern und Salben in ein Leinentuch und brachten ihn zusammen mit den trauernden Frauen zum Friedhof. Dort legten die beiden Männer Jesus in ein kleines, in einen Felsen gehauenes Grab, das Josef bereits bezahlt hatte. Anschließend rollten sie einen schweren Stein vor den Eingang. Als sie nichts mehr tun konnten, gingen sie schweren Herzens davon.

Die Hohenpriester und Pharisäer waren in der Zwischenzeit zu Pilatus gegangen. „Jesus von Nazaret sagte, dass er in drei Tagen auferstehen würde", sagten sie zum römischen Statthalter. „Lass Soldaten sein Grab bewachen, damit niemand seinen Leichnam stehlen und dann behaupten kann, dass er auf wundersame Weise auferstanden

ist." Pilatus versprach ihnen, das Grab bewachen zu lassen. Dann schickte er sie weg.

Die Wachen des Pilatus standen die ganze Nacht hindurch vor dem Grab – nichts passierte. Auch am nächsten Tag hielten sie Wache – und niemand kam. Als aber am dritten Tag die Sonne aufging, erbebte die Erde so heftig, dass die Soldaten zu Boden stürzten. Ein weißes Licht strahlte vom Himmel herab direkt auf das Grab. Durch das weiße Licht hindurch sahen die erschrockenen Soldaten eine hell leuchtende Figur, die den massiven Stein vor dem Grabeingang wegrollte. Die Soldaten bekamen so große Angst, dass sie davonliefen.

Kurz danach kamen einige Frauen, um nach dem Grab zu sehen. Als Maria aus Magdala, Maria, die Mutter des Jakobus und Johannes,

Salome und Johanna sahen, dass die Soldaten
das Grab nicht mehr bewachten und der Stein
weggerollt worden war, schrien sie entsetzt auf.
Jemand musste Jesu Leichnam gestohlen haben!
Im Grab selbst, wo der Tote
hätte liegen sollen, saßen
zwei Engel in weißen
Gewändern. „Warum
sucht ihr den
Lebenden bei den
Toten?", fragten die
Engel. „Hat euch der
Menschensohn nicht
gesagt, dass er am
dritten Tag auferstehen würde?"
Maria aus Magdala lief daraufhin sofort
zu Petrus und Johannes, um sie zum Grab zu

holen. Als die beiden Männer das leere Grab sahen, wurden sie wütend und gingen rasch davon, um herauszufinden, wer den Leichnam weggebracht hatte. Maria sank draußen vor dem Grab zu Boden und fing an zu weinen. Als sie bemerkte, dass jemand hinter ihr stand, drehte sie sich um und sah durch ihre Tränen nur eine verschwommene Gestalt, die sie für den Gärtner hielt. „Warum weinst du?", fragte der Mann.

„Wenn du den Leichnam weggebracht hast", bat sie ihn, „dann sag mir, wo du ihn hingebracht hast."

Daraufhin sagte der Mann nur ein Wort: „Maria."

Maria meinte, ihr Herz müsse stehen bleiben. Sie wusste sofort, wer dieser Mann war – es war Jesus!

„Geh jetzt", sagte Jesus behutsam, als Maria auf die Knie fiel und ihn erstaunt ansah.

„Geh zu meinen Jüngern, und sage ihnen, dass ich bald zu meinem Vater zurückkehren werde."

Als die anderen Frauen, die das leere Grab entdeckt hatten, noch auf dem Nachhauseweg waren, kam ihnen auf der Straße plötzlich ein Mann entgegen.

„Guten Morgen", sagte Jesus zu ihnen.

Die Frauen waren vollkommen verblüfft und konnten nicht glauben, wer dort vor ihnen stand.

„Habt keine Angst", sagte Jesus. „Geht zu meinen Jüngern und sagt ihnen, dass sie nach Galiläa gehen sollen. Dort werde ich sie bald treffen."

Matthäus, Kapitel 27 und 28; Markus, Kapitel 16; Lukas, Kapitel 23 und 24; Johannes, Kapitel 19 und 20

Der zweifelnde Thomas

Am späten Morgen des dritten Tages nach Jesu Tod stürmte Maria aus Magdala in den Raum, in dem die trauernden Jünger zusammensaßen. „Ich habe Jesus gesehen", rief sie ganz aufgeregt. Aber sosehr sich die Jünger auch wünschten, ihr zu glauben, sie konnten es einfach nicht.

Währenddessen waren zwei der Jünger Jesu auf dem Weg von Jerusalem in das nahe gelegene Dorf Emmaus. Traurig gingen sie die Straße entlang, als plötzlich ein Fremder neben ihnen auftauchte und anfing, sich mit ihnen zu unterhalten. Zum großen Erstaunen der Jünger schien der Fremde noch nichts von den Ereignissen gehört zu haben, von denen jeder sprach – dass Jesus gekreuzigt worden und sein Leichnam jetzt verschwunden war. Er wusste aber viel über die alten Schriften und legte sie ihnen aus.

„Wisst ihr nicht, was die Propheten gesagt haben, dass der Messias leiden muss, um verherrlicht zu werden?"

Später teilten die Jünger ihr Essen mit dem Fremden. Doch erst als er das Brot nahm, brach, dankte und es ihnen gab, erkannten sie, wer er

wirklich war. „Jesus!", riefen sie erstaunt aus. Doch genau in dem Augenblick verschwand er.

Die Jünger liefen schnell zurück in die Stadt zu den anderen Jüngern, um ihnen alles zu erzählen. Dort erfuhren sie, dass Jesus mittlerweile auch Petrus erschienen war!

Alle redeten aufgeregt durcheinander und wollten immer wieder hören, wie Jesus ihnen erschienen war. Keiner der Jünger bemerkte, dass noch jemand in ihre Mitte gekommen war.

„Friede sei mit euch!", sagte Jesus, als alle vor Furcht erschraken, als hätten sie einen Geist gesehen. „Habt keine Angst", sagte er. „Ich bin es. Schaut her – hier sind die Wunden an meinen Händen und Füßen."

Aber ein Jünger fehlte – Thomas. Als die anderen Jünger ihm später erzählten, dass Jesus auferstanden und ihnen erschienen war, glaubte er ihnen nicht. Acht Tage später waren wieder alle versammelt, um miteinander zu reden und zu beten. Da trat Jesus plötzlich erneut zu ihnen und sagte zu Thomas: „Sieh selbst. Lege deine Finger in meine Wunden. Glaub nur – es ist wahr."

Thomas brach zusammen. „Mein Herr, du bist es wirklich!", rief er aus.

Da sagte Jesus zu ihm: „Gesegnet bist du, weil du glaubst. Aber noch mehr Segen liegt auf denen, die mich nicht sehen und doch an mich glauben."

Matthäus, Kapitel 28; Markus, Kapitel 16; Lukas, Kapitel 24; Johannes, Kapitel 20

Der Fremde
am Ufer

Eines Abends versammelten sich Petrus, Jakobus, Johannes, Thomas, Natanael und einige andere Jünger am See von Tiberias. Petrus wollte in einem kleinen Boot zum Fischen fahren, wie er es früher immer getan hatte, als er noch Fischer war. Und so segelten die Jünger unter einem sternklaren Himmel hinaus auf den See. Es war still

und friedlich – eine willkommene Abwechslung zu den schrecklichen Ereignissen in den letzten Wochen.

Die ganze Nacht über warteten die Jünger, dass sie Fische in ihrem Netz fingen, aber als der Morgen dämmerte, war das Netz noch immer leer.

Über die Wellen hinweg hörten sie eine Stimme, die sie fragte: „Habt ihr etwas gefangen?"

Als die Jünger zum Ufer hinüberblickten, sahen sie dort einen Mann stehen.

„Nein, nichts", riefen sie zurück.

Der Mann antwortete ihnen: „Dann werft das Netz auf der rechten Seite des Bootes aus."

Die Jünger folgten den Anweisungen des Mannes und spürten bald, wie das Netz so schwer wurde, dass sie es kaum hereinziehen konnten.

Petrus, Jakobus und Johannes sahen einander an und erinnerten sich daran, dass sie genau dasselbe schon einmal erlebt hatten. „Es ist Jesus!", riefen sie aus.

Petrus konnte es kaum erwarten. Er wollte nicht abwarten, bis der Fang hereingeholt und sie wieder an Land gesegelt waren. Er wollte der Erste sein, der bei Jesus ankam, und so sprang er ins Wasser und schwamm zu Jesus ans Ufer.

Kurz darauf waren alle bei Jesus am Ufer versammelt, und gemeinsam setzten sie sich um ein Feuer. Sie brieten Fisch zum Frühstück, und alles war wie früher.

Johannes, Kapitel 21

Jesu Himmelfahrt

Als die Zeit gekommen war, dass Jesus für immer in den Himmel gehen musste, versammelte er seine Jünger und ging mit ihnen auf den Ölberg, nicht weit von Jerusalem entfernt.

„Bleibt noch eine Weile in der Stadt", sagte Jesus zu seinen elf Jüngern. „Ihr seid alle schon einmal getauft worden – von Johannes dem Täufer. Er hat

euch mit Wasser getauft. Aber bald werdet ihr alle noch einmal getauft werden – dann jedoch mit dem Heiligen Geist." Dann fuhr er fort: „Gott wird euch großartige Gaben schenken. Geht damit in die Welt hinaus, und erzählt den Menschen auf der ganzen Welt von mir. Tauft alle, die an mich glauben, zu meinen Nachfolgern, im Namen des Vaters, des Sohnes und des Heiligen Geistes. Lehrt sie alles, was ich euch gelehrt habe."

Als Jesus die besorgten Gesichter der Jünger sah, fügte er hinzu: „Und vergesst nicht. Ich werde immer bei euch sein, bis zum Ende er Welt."

Dann wurde Jesus in den Himmel emporgehoben, immer weiter und weiter, bis er schließlich in einer leuchtenden Wolke verschwand. Während die Jünger zu dem Licht emporblickten, wurde es immer blasser, bis es schließlich ganz verschwand.

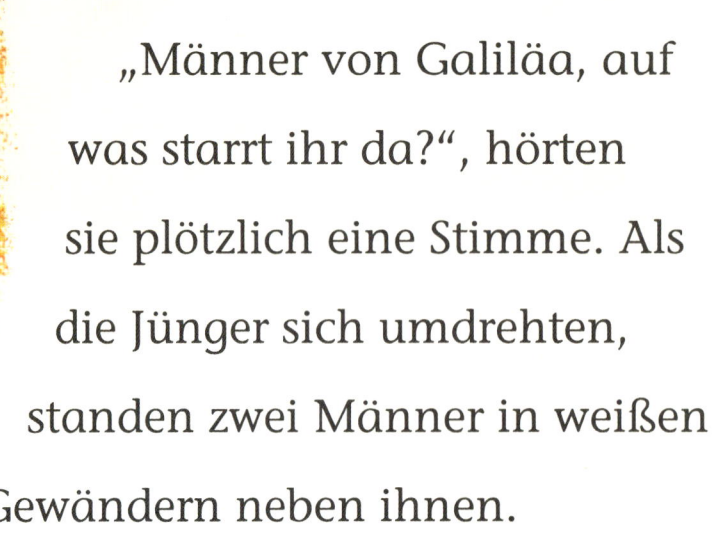

„Männer von Galiläa, auf was starrt ihr da?", hörten sie plötzlich eine Stimme. Als die Jünger sich umdrehten, standen zwei Männer in weißen Gewändern neben ihnen.

„Jesus ist nicht mehr hier, aber eines Tages wird er wieder genauso zu euch zurückkehren, wie er gegangen ist."

Die Jünger wussten, dass sie Jesus lange nicht mehr sehen würden, aber sie waren sich sicher, dass er eines Tages in Herrlichkeit wiederkommen würde.

Matthäus, Kapitel 28; Markus, Kapitel 16; Lukas, Kapitel 24; Apostelgeschichte, Kapitel 1

Der Heilige Geist

In Jerusalem warteten die Jünger noch immer auf die Ankunft des Heiligen Geistes, damit er sie taufte, wie Jesus es ihnen vorhergesagt hatte. In der Zwischenzeit beschlossen sie, Judas Iskariot, der Jesus verraten hatte, durch einen anderen Jünger zu ersetzen, damit sie wieder zu zwölft waren, wie Jesus es ursprünglich gewollt hatte. Sie beteten um

Gottes Führung, und das Los fiel auf Matthias. Die
zwölf Jünger Jesu wurden später auch als Apostel
bezeichnet. Dann warteten sie weiter.

Fünfzig Tage nach dem Paschafest und dem Tod
Jesu wurde Pfingsten begangen – mit diesem Fest
feierten die Juden, dass Mose ihnen ihre Gesetze
gegeben hatte. Als die Apostel sich am Pfingsttag
versammelten, hörte man plötzlich ein Brausen
vom Himmel. Es war, als ob ein heftiger Sturm das
ganze Haus erfüllte, in dem sie waren. Die Apostel
spürten, dass sie neue Kraft und Energie hatten,
und als sie einander erstaunt ansahen, bemerkten
sie, dass über dem Kopf eines jeden von ihnen eine
winzige Flamme loderte.

„Das muss der Heilige Geist sein!",
riefen sie, als sie noch
dazu bemerkten,

dass sie alle in ganz verschiedenen Sprachen redeten.

Sie erkannten, dass Gott sie mit besonderen Gaben gesegnet hatte, wie Jesus es ihnen vorhergesagt hatte. Da rannten die Apostel aufgeregt hinaus auf die Straßen. Einige von ihnen dankten Gott auf Griechisch, andere predigten in Latein, und wieder andere priesen den Heiligen Geist auf Arabisch und in vielen anderen Sprachen.

Gläubige aus anderen Ländern, die zu Pfingsten nach Jerusalem gekommen waren, trauten ihren Ohren nicht: „Diese Männer sind doch aus Galiläa", wunderten sie sich. „Woher können sie unsere Sprache?"

Manche Menschen lachten jedoch nur und

meinten, dass die Apostel bestimmt betrunken waren. Da sprach Petrus zu ihnen: „Wir sind nicht betrunken", sagte er. „Wir sind Nachfolger Jesu von Nazaret. Er ist von den Toten auferstanden. Das haben wir mit unseren eigenen Augen gesehen. Der Heilige Geist hat uns heute die Gabe der Sprachen geschenkt. Jeder, der seine Sünden von Herzen bereut und gemäß den Lehren Jesu lebt, wird auch gesegnet sein. Wer von euch will sich uns anschließen?"

An diesem Tag tauften die Apostel über dreitausend Menschen zu Nachfolgern Jesu. Der Grundstein der christlichen Kirche war gelegt.

Apostelgeschichte Kapitel 1 und 2